Vorwort

In der beliebten Reihe der „Kleinen Dolomiten-Wanderführer" fehlte bisher ein Bändchen über eines der schönsten Hochtäler der westlichen Dolomiten: Das von den mächtigen Felsburgen der Sella, Puez-, Kreuzkofel- und Fanesgruppe eingerahmte Hochabteital.

Wegen der Vielfalt seiner Formen ist es ein ideales Ziel für einen Bergurlaub: Die Talorte mit ihrer Höhenlage zwischen 1400 und 1600 m liegen für Tagestouren sehr günstig und haben im Hochsommer ausgeglichene Temperaturen. Sie bieten (vom Wintersport her) eine Fülle von Unterkünften in Hotels, Pensionen und Privatquartieren. Die Bevölkerung spricht neben ihrer reizvollen ladinischen Muttersprache auch deutsch, so daß keinerlei Sprachschwierigkeiten zu befürchten sind.

Von wenigen Ausnahmen abgesehen (auf die aber jeweils besonders hingewiesen ist) sind in diesem Führer nur Touren aufgenommen, die jeder rüstige Bergwanderer ohne Schwierigkeiten durchführen kann. Einzelheiten hierüber findet man im Abschnitt „Praktische Ratschläge".

Für die Berggebiete westlich bzw. östlich des Abteitals gibt es in derselben Führerreihe das „Peitlerkofel- und Plosegebiet mit Villnösser Tal" von Helmut Dumler und die „Pragser und Enneberger Dolomiten mit Fanes-Gruppe und Dürrenstein" von Rolf und Horst Höfler. Den Autoren dieser Führer sei an dieser Stelle für ihre Erlaubnis, bei Gebietsüberschneidungen ihre Beschreibungen zu verwenden, herzlich gedankt.

Zum Schluß noch der Hinweis, daß jeder Führer durch zeitbedingte Veränderungen — Wegzerstörungen durch Unwetter, neue Straßen- und Wegebauten, Änderungen der Hüttenbewirtschaftungszeiten u. a. m. — schon bald nach Erscheinen Unstimmigkeiten aufweisen kann. Um ihn auf neuestem Stand halten zu können, bitten Verlag und Autor, solche Veränderungen dem Verlag (D-8000 München 19, Postfach 67) mitzuteilen.

Allen Benützern dieses Führers viele schöne Bergtage auf den Höhen um das Hochabteital!

München, im März 19

aydn

Zum Gebrauch des Führers

Die Talorte mit kleinen Wanderungen sind getrennt behandelt, alle Hüttenanstiege, Übergänge und Gipfeltouren sind im Abschnitt III, „Berggruppen", zusammengefaßt.

Die **Randzahlen** sind am Anfang jeder Beschreibung mit ● gekennzeichnet, bei Verweisung innerhalb des Textes mit R. Für spätere Ergänzungen sind folgende Randzahlen freigehalten: 16—20, 33—35, 44—48, 59—63, 73—75, 83—86, 93—100, 112—120, 156—158, 189—192, 206—208, 218—220, 263 bis 265, 281—283 und 291—294.

Richtungsangaben sind, wenn nicht in Himmelsrichtung ausgedrückt, immer in der Gangrichtung des jeweils beschriebenen Weges gemeint.

Zeitangaben sind nur für den Aufstieg bzw. für eine Wegrichtung angegeben. Erfahrungswerte sind im Aufstieg 300 bis 400 Höhenmeter, im Abstieg 600 bis 800 m. Dieser Durchschnitt kann sich je nach Kondition nach unten oder oben verschieben. Im allgemeinen kann man für den Abstieg etwas mehr als die Hälfte der Anstiegszeit rechnen.

Abkürzungen

B. = Betten
bew. = bewirtschaftet
Bez. = Bezeichnung, Markierung
bez. = bezeichnet, markiert
AVS = Alpenverein Südtirol
CAI = Club Alpino Italiano
Ghs. = Gasthaus
M. = Matratzen
Min. = Minuten
N = Norden
O = Osten
R = Randzahl
Rif. = Rifugio
S = Süden
st = Stunde, Stunden
W = Westen
Ww. = Wegweiser

Italienische und ladinische Begriffe

Cima = Spitze, Gipfel
Col = Hügel, Sattel
Forcella = Scharte
Lago, Lec = See
Monte = Berg
Pian = ebene Fläche
Piz = Gipfel
Rifugio = Schutzhütte
Sasso = Fels
Val, Valle = Tal
Via ferrata = Eisenweg
(gesicherter Klettersteig)

Inhaltsverzeichnis

Zum raschen Auffinden einzelner Orte, Hütten, Berge usw. benütze man das alphabetische Randzahlen-Verzeichnis am Schluß des Führers!

Bilderverzeichnis

I. Allgemeines

1. Das Abteital einst und jetzt

Das von der Gader durchflossene Tal hat seinen Namen (ladinisch Val Badia) von einem bereits um das Jahr 1080 gegründeten Nonnenkloster, das ein Pustertaler Gaugraf stiftete, indem er seine Burg Suanapure und seinen großen Grundbesitz im Gadertal als Schenkung vergab. Aus der Burg wurde das Kloster Sonnenburg, das bis 1785 bestand; seine umfangreichen Ruinen (westlich von St. Lorenzen, R 2) sind zum Teil noch bewohnt.

Die rätische Urbevölkerung des Pustertales wurde von den Römern, deren Anwesenheit durch viele Funde, vor allem bei St. Lorenzen, belegt ist, kolonisiert. Ein slawischer Einfall beendete die römische Herrschaft, und die Slawen ihrerseits wurden Ende des 6. Jahrhunderts von den über den Brenner in das Pustertal einwandernden Bajuwaren verdrängt.

Zwischen den anscheinend sehr streitbaren Äbtissinnen des Klosters Sonnenburg und den Brixener Bischöfen kam es in den folgenden Jahrhunderten immer wieder zu Prozessen und Streitigkeiten, ja sogar Mord und Totschlag. Sehr merkwürdig liest sich auch ein Bericht vom Krieg zwischen Tirol und Venedig im Jahre 1487: Nach einer Schlägerei zwischen Bauern von Buchenstein und Pescul brannten venezianische Söldner einige Häuser in Buchenstein nieder, worauf die Buchensteiner drei Dörfer, nämlich Caprile, Selva und Pescul, einäscherten. Daraufhin drangen die Venezianer mit 3000 Mann gegen Enneberg vor, wurden aber zurückgeschlagen. Vernünftigerweise wurde aber noch im gleichen Jahr Friede geschlossen.

Hier soll auch kurz auf die ladinische Sprache eingegangen werden, die zweifellos eine eigene, bodenständige Sprache darstellt und rätischen Ursprungs ist. Die Räter, illyrischer Abkunft, vermutlich mit etruskischen Fragmenten, siedelten in vorrömischer Zeit in dem heute als Ostalpen bezeichneten Gebiet; von den eindringenden Römern wurden sie in die Seitentäler abgedrängt, konnten aber dadurch ihre eigene sprachliche Selbständigkeit erhalten, die nur an den Berührungspunkten mit den Römern und später den Bajuwaren einige Wörter dieser Sprache aufnahm. So erklärt sich der aus rätischen, altrömischen, germanischen, ja sogar altfranzösischen und provenzalischen Teilen zusammengesetzte Wortschatz der Dolomitenladiner, der sich in zwei besonders gut gegen die Außenwelt geschützten Tälern, dem Gröden- und Gadertal, erhalten hat.

Die touristische Erschließung der Dolomiten, die etwa um die Mitte des vorigen Jahrhunderts begann, wirkte sich im Abteital erst später aus. Im Jahre 1889 wurde die Puezhütte erbaut, 1894 folgte die Bamberger Hütte auf der Sella-Hochfläche, 1895 das Hospiz auf dem Grödner Joch und das Sellajochhaus.

Brachte schon der Klettersport und das Bergwandern den Fremdenverkehr in den Dolomitentälern zur hohen Blüte, so hat in den letzten Jahrzehnten der Skisport zu einer neuen, fast hektischen Entwicklung geführt. Straßen wurden verbessert, Lifte, Seilbahnen und Hotelneubauten entstanden vor allem in für den Skilauf besonders günstigen Teilen der Dolomiten, und das Hochabteital kann sich rühmen, im Wettbewerb der großen Wintersportplätze in vorderster Linie zu stehen. Und von diesen Einrichtungen profitiert auch der sommerliche Besucher!

2. Geologie, Pflanzen- und Tierwelt

Keine andere Gebirgsgruppe der Alpen zeigt eine solche Vielfalt des geologischen Aufbaues wie die Dolomiten. Sie bestehen aus sehr verschiedenartigen Ablagerungen urweltlicher Meere, vermischt mit vulkanischen Gesteinen wie Porphyr und Tuffen.

Im Hochabteital ist die auffallendste Erscheinung die mächtige Felsmauer des Heiligkreuzkofels. Sie baut sich über Raibler Schichten auf, der untere Teil ist Hauptdolomit, die Gipfelregion Jurakalk. Interessant ist der Aufbau des Sellastockes: Der untere Teil besteht aus Schlerndolomit, dann folgt ein aus Raibler Schichten gebildetes schmales Band, das sich fast um das ganze Massiv verfolgen läßt, und darauf liegt waagrecht gebankter Hauptdolomit. Auch das gewaltige Horn des Sass Songher über Colfuschg besteht aus diesem Gestein. Einen starken Gegensatz dazu bilden die sanften, welligen Almflächen der Pralongia, auf der man Versteinerungen von kleinen Meerestieren finden kann.

Die Pralongia zeichnet sich, ähnlich der Seiser Alm, im Frühsommer durch einen unwahrscheinlichen Blumenreichtum aus. Trotzdem ist es notwendig geworden, einige Arten gesetzlich zu schützen. Es sind dies Schwefel-Anemone, Frauenschuh, Zwergsteinrösl, Feuerlilie, Türkenbund, Frühlingsknotenblume, Weiße Narzisse,

Weiße Seerose, Gelbe Teichrose, Rohrkolben, Spechtwurz, Pfingstrose, Aurikel, Teufelskralle und Edelweiß. Von anderen Arten dürfen höchsten zehn Blütenstengel gepflückt werden. Aber mit oder ohne Gesetz: Eine Blume ist am schönsten an ihrem Standort!

Von der Tierwelt ist nicht besonderes zu berichten. Einige Gemsen kann man im Rautal und im Travenanzestal sehen, auf Fanes pfeifen Murmeltiere. Kreuzottern sind im allgemeinen froh, wenn sie nicht gejagt werden, sie ergreifen freiwillig die Flucht. Und um die Gipfel kreisen wie überall die schwarzen Alpendohlen.

3. Praktische Ratschläge

Wer den Talbereich verläßt, soll vor allem festes Schuhwerk tragen. Leichtbergschuhe sind brauchbar, wenn sie eine feste Sohle besitzen, wenn das Schaftleder eine glatte Außenseite hat und die Gummisohle ein kräftiges Profil aufweist.

Ein kleiner Rucksack für Tagestouren soll neben Verpflegung und Getränk auch Pullover, Regenschutz und Anorak enthalten, weil Wetterstürze mit Schneefall in Höhen von 2000 m und darüber auch im Hochsommer möglich sind. Bei der Begehung von Klettersteigen kann ein Teilnehmer plötzlich von Schwindel befallen werden, oder eine Eisenklammer fehlt: Klettergürtel, kurzes Perlonseil und Karabiner tun dann gute Dienste.

In den **Schutzhütten** des AVS und CAI haben Mitglieder des DAV und ÖAV Gleichberechtigung, auch in den Gebühren. Die Öffnungszeiten der Hütten können nie genau angegeben werden, deshalb soll man im Frühsommer und Spätherbst im zuständigen Talort nachfragen. Bewirtschaftungszeiten der im Winter geöffneten Hütten wurden, da für diesen Sommerführer unwichtig, weggelassen.

Die schönste **Jahreszeit** in den Dolomiten ist der Frühsommer mit seiner Blumenpracht. Die Tage sind am längsten, die Hütten, falls schon geöffnet, noch nicht überfüllt; allerdings ist in nordseitigen Lagen noch mit Schnee zu rechnen, der am Morgen hart gefroren sein kann. Der Hochsommer bringt ab Mitte August besonders große Besucherzahlen aus Italien. Der Herbst ist die ideale Wanderzeit, allerdings werden die Tage kürzer und manche Hütten schließen bereits Mitte bis Ende September. Vielfach sind auch Seilbahnen und Sessellifte in der Vor- und Nachsaison außer Betrieb.

Der **Bergrettungsdienst** (Soccorso Alpino) wird vom AVS und vom CAI wahrgenommen. Jeder, der Zeuge eines Unfalls wird oder Notsignale wahrnimmt, ist verpflichtet, wenn er nicht selbst Hilfe leisten kann, auf schnellstem Weg eine Unfall-Meldestation zu benachrichtigen. Diese befinden sich in allen Hütten und Berggasthäusern, in Talorten beim Carabinieri-Posten. Der Rettungsdienst benötigt genaue Angaben, und zwar:

Name und Anschrift des Melders oder Anrufers,

Name und Alter des Verletzten,

Ort und Zeit des Unfalls,

Art der Verletzung,

ob Hubschrauber erforderlich.

Der Bergrettungsmannschaft steht eine angemessene Vergütung für die Zeit ihren Einsatzes vom Ausgangsort und zurück durch den Geborgenen zu.

Ist bei einem Unfall eine Selbsthilfe nicht möglich und Hilfeanforderung durch einen Boten ebenfalls nicht, dann muß man versuchen mit Hilfe des international eingeführten **Alpinen Notsignals** den Bergrettungsdienst zu alarmieren. Es sollte jedem Bergsteiger geläufig sein: Sicht- oder hörbare Zeichen werden innerhalb einer Minute sechsmal gegeben und nach einer Pause von einer Minute solange wiederholt, bis Antwort erfolgt. Diese wird in der gleichen Art, aber nur dreimal in der Minute, gegeben.

Bei Rettung aus Bergnot durch **Hubschrauber**, die in den letzten Jahren immer mehr zur Anwendung kommt, ist das Auslegen stark farbiger Kleidungsstücke vorteilhaft. Auch Rauchsignale oder im Schnee ausgelegte Zeichen erleichtern dem Piloten das Auffinden.

Bei Sichtverbindung gelten folgende Armstellungen oder Leuchtzeichen:

Beide Arme schräg hoch
oder grünes Licht

Ja (Yes) auf die Fragen
„Hier landen“ oder
„Wir brauchen Hilfe“

Linker Arm schräg hoch
rechter Arm schräg abwärts
oder rotes Licht

Nein (No) auf Fragen
„Nicht landen“oder
„Wir brauchen keine Hilfe“

Die Armzeichen leiten sich bei JA vom Y des englischen „Yes" ab, bei NEIN von N (no). Die grünen und roten Leuchtzeichen sind der internationalen Luftfahrt entnommen, wo sie die gleiche Bedeutung haben.

4. Anfahrtswege, Busverbindungen, Seilbahnen und Lifte

Anfahrtswege:

a) **Von Norden:** Brenner-Autobahn bis Ausfahrt Brixen (kurz nach Franzensfeste), dann auf der Staatsstraße 49 nach O ins Pustertal. Die Straße ins Gadertal zweigt bei St. Lorenzen, R 2, rechts ab.

Eisenbahnreisende steigen in Franzensfeste (vorher erkundigen, ob der Zug dort hält!) in die Pustertalbahn um. In Bruneck, R 1, Busanschluß ins Gadertal. Achtung: Wegen der teilweise schlechten Anschlüsse in Franzensfeste ist es besser, mit der Bahn bis Brixen zu fahren und dort in den SAD-Bus umzusteigen, der über Bruneck ins Gadertal fährt. Fahrplan der SAD (Societa Automobilistica Dolomiti) kostenlos in jedem Südtiroler Reisebüro.

b) **Von Westen:** Brenner-Autobahn bis Ausfahrt Klausen und auf der Höhenstraße SS 242d über St. Ulrich, R 9, und das Grödner Joch, R 107, nach Colfuschg im Hochabteital.

Die Höhenstraße, welche die Trasse der alten Grödner Eisenbahn benützt, hat eine ausgeglichene Steigung von etwa 5 %, gegenüber der in Waidbruck, R 7, abzweigenden SS 242, die teilweise Steigungen von 14 % aufweist.

c) **Von Süden:** Von der Großen Dolomitenstraße, R 101, zweigt in Arabba, R 13, die Straße über den Campolungosattel, R 106, nach Corvara ab.

d) **Von Osten:** Von Cortina d'Ampezzo, R 14, nach W über den Falzaregopaß, R 104, und das Valparolajoch, R 108, nach St. Kassian.

Busverbindungen:

Dank des guten Straßennetzes sind für den motorisierten Bergsteiger auch Touren außerhalb des eigentlichen Abteitales als Tagestouren möglich. Aber auch der mit der Eisenbahn angereiste Gast braucht nicht ganz darauf zu verzichten, weil die praktischen SAD-

Busse — siehe am Schluß von a) — beinahe alle wichtigen Verbindungen herstellen. Außer der eigentlichen Talstraße Bruneck — Pedratsches — Stern/La Villa nach Corvara/Colfuschg und St. Kassian, die täglich in beiden Richtungen etwa sechsmal befahren wird, bestehen Kurse von und nach

Bozen — Brixen — Bruneck — Cortina d'Ampezzo
Bozen — Brixen — Bruneck — Corvara/Colfuschg
Bruneck — St. Vigil in Enneberg (Rif. Pederu)
Bozen — St. Ulrich — Corvara/Colfuschg — St. Kassian — Cortina
und einige andere.

Verkehrszeiten auf den längeren Strecken meist ab 25. 6., teilweise 1. 7., bis Anfang bzw. Mitte September. Die Talstraße selbst wird auch im Winter offengehalten.

Seilbahnen und Sessellifte im Hochabteital

Alle derartigen Anlagen dienen in erster Linie dem Wintersport, es muß also damit gerechnet werden, daß die eine oder andere Bahn aus diesem Grund im Sommer überholt wird und deshalb der Betrieb zeitweise eingestellt ist. Zum großen Leidwesen vieler Bergsteiger beginnen die ersten Fahrten am Morgen verhältnismäßig spät. Manche Lifte haben eine Mittagspause, und es ist ratsam, sich schon bei der Auffahrt nach dem Betriebsschluß am Abend zu erkundigen.

Name	Talstation	Bergstation
Gondellift Heiligkreuz	Pedratsches, 1340 m	20 Min. unterhalb der Heiligkreuzkapelle
Gondellift Piz La Villa	Stern/La Villa, 1427 m	Piz La Villa, 2077 m
Sessellift Piz Sorega	St. Kassian, 1533 m	Piz Sorega, 2003 m
Sessellift Col Alto	Corvara, 1558 m	Rif. Col Alto, 1988 m
Sessellift Pralongia	Corvara, 1700 m	Rif. Pta. Trieste, 2050 m
Seilbahn Boè	Corvara, 1498 m	Crep de Mont, 2198 m
Sessellift Vallon	Crep de Mont, 2198 m	Vallonhütte, 2488 m
Sessellift Crep de Mont	Campolungosattel, 1870 m	Crep de Mont, 2198 m
Sessellift Pradat	Colfuschg, 1650 m	Col Pradat, 2038 m
Sessellift Cir	Grödner Joch, 2150 m	Punkt 2315 m
Seilbahn Sass Pordoi	Pordoijoch, 2242 m	Sass Pordoi, 2952 m
Seilbahn Porta Vescova	Arabba, 1610 m	Porta Vescova, 2510 m
Seilbahn Lagazuoi	Falzaregopaß, 2105 m	Rif. Lagazuoi, 2750 m

5. Schrifttum

Aus der großen Menge der Dolomiten-Literatur können hier nur die wichtigsten bzw. die unmittelbare Nachbarschaft des Hochabteitales betreffenden Veröffentlichungen aufgeführt werden.

a) Führer:

Delago, Hermann, Dolomiten-Wanderbuch, Innsbruck 1974 (mit vielen geschichtlichen, volkskundlichen und naturwissenschaftlichen Angaben).

Dumler, Helmut, Kleiner Führer Peitlerkofel- und Plosegebiet mit Villnösser Tal, München 1977.

Frass/Höfler/Werner, Die schönsten Klettersteige der Dolomiten, Band Ost und West, München 1979.

Hager, Hannsjörg, Vom Rosengarten zur Marmolata, München 1975.

Hager, Hannsjörg, Bergwanderführer Dolomiten, München 1977.

Hauleitner, Franz, Dolomiten-Höhenwege 1–3, München 1977.

Haydn, Alois, Führer durch das Grödner Tal, München 1977.

Höfler, Rolf und Horst, Pragser und Enneberger Dolomiten mit Fanes-Gruppe und Dürrenstein, München 1977.

Rampold, Josef, Südtiroler Wanderbuch, Innsbruck 1974.

BV-Tourenblätter, Mappe 8, Dolomiten, München 1975.

b) Werke:

Langes, Gunther, Ladinien, Kernland der Dolomiten, Bozen 1977.

Langes, Gunther, Die Front in Fels und Eis, Bozen 1974.

Lichem, Heinz von, Der einsame Krieg, München 1974.

Schnürer, Sepp, Die Dolomiten auf hohen Routen, München 1977.

Trenker, Luis, Gröden, Herzstück der Dolomiten, München 1975.

Wolff, Karl Felix, Dolomitensagen, Innsbruck 1974.

II. Talorte und Pässe

1. Talorte an den Zufahrtsstraßen

a) Von Norden durch das Gadertal

Die 1892 erbaute und 1956 den heutigen Verkehrsansprüchen angepaßte Gadertalstraße SS 244 wird auch Ladinienstraße genannt. Vom Hochabteital aus hat sie über den Campolungosattel, R 106, Anschluß an die Große Dolomitenstraße, R 101, und über das Grödner Joch, R 107, an das Grödner Tal. Über den Falzaregopaß, R 104, erreicht man Cortina d'Ampezzo.

Bis Colfuschg überwindet die gut ausgebaute Straße bei einer Länge von 35 km einen Höhenunterschied von 835 m, trotzdem sind die Steigungen mit Ausnahme einiger Talstufen mäßig. Bei den besonders im unteren, klammartigen Teil häufigen Kurven empfiehlt sich rechtzeitiges Hupsignal.

● 1 **Bruneck**/Brunico, 835 m, ist mit 10000 Einwohnern der Hauptort des Pustertals. Station der von Franzensfeste über Lienz nach Klagenfurt führenden Eisenbahn, Ausgangspunkt der Straße ins Tauferer Tal, Seilbahn auf den Kronplatz, 2277 m.

Die von der bischöflichen Burg bewachte alte Stadt lohnt einen kurzen Besuch wegen der gut erhaltenen mittelalterlichen Bauten, besonders in der „Stadtgasse" (mit dem Geburtshaus des berühmten spätgotischen Malers und Bildhauers Michael Pacher). Am Westende der Stadtgasse die Ursulinenkirche mit Holzskulpturen von etwa 1450, am Ostende die große, architektonisch unbedeutende Pfarrkirche von 1866, in der sich aber am rechten Seitenaltar ein Kruzifix von Michael Pacher befindet.

● 2 **St. Lorenzen**/S. Lorenzo, 810 m, 4 km westlich von Bruneck. Der stattliche Marktflecken steht auf altem Siedlungsgebiet (Wallburgreste, zahlreiche römische Funde und Ausgrabungen) und war früher der Hauptort des Pustertals. Gotische Pfarrkirche (Hochaltar mit Muttergottes von Michael Pacher, schöne Renaissancekanzel), links davon die Egererkapelle, um 1500 erbaut, mit Holzfiguren der Zeit.

Bei St. Lorenzen im Pustertal, an der rauschenden Rienz gelegen, zweigt die Straße ins Hochabteital ab. Foto Helga Hartl

Westlich des Ortes auf einem Felshügel die Ruinen des Klosters Sonnenburg, einer Benediktiner-Abtei (das Abteital ist danach benannt).
Westlich von St. Lorenzen zweigt die Gadertalstraße nach S von der Pustertalstraße ab und erreicht durch das enger werdende Tal nach 10 km die erste Straßengabel bei der kleinen Ortschaft

● 3 **Zwischenwasser**/Longega, 1050 m, mit drei Ghs. Hier zweigt nach links die Straße in das Enneberger Tal, R 87, ab. Die Hauptstraße zieht im noch immer engen Tal in leichter Steigung aufwärts, erreicht nach 4 km die Häusergruppe Piccolein/Piccolino, 1115 m, und bald darauf rechts die Abzweigung der Straße nach

● 4 **St. Martin in Thurn**/S. Martino in Badia, 1125 m, an der Mündung des Campilltales, R 89, von dem gut erhaltenen Schloß Thurn, 1247 m, überragt. Weiter aufwärts, an der Häusergruppe Preromang vorbei, zur kleinen Siedlung

● 5 **Pederoa**/Pederu, 1152 m, mit der Abzweigung links in das Wengental, R 91. Nach 5 km überwindet die Straße in einigen Kehren eine Talstufe, nach der sich die weite Landschaft des Hochabteitals, wie das Gadertal von hier ab genannt wird, öffnet. Zuerst die gegenüberliegenden Ortschaften Pedratsches, R 21, und St. Leonhard, R 26, 3 km südwärts folgt Stern/La Villa, R 36, mit der Abzweigung nach St. Kassian, R 76. Die Hauptstraße, nun südwärts steigend, gabelt sich nach 4 km wiederum: Links, nach S, kurz nach der Abzweigung, Corvara, R 49; rechts, nach W, 1½ km nach Colfuschg, R 64.

b) Von Westen durch das Grödner Tal

● 6 **Klausen**/Chiusa, 523 m, ein reizendes mittelalterliches Städtchen, ist Ausgangspunkt dieser Zufahrt. Die schmale Hauptstraße mit ihren erkergeschmückten Häusern und Wirtshausschildern ist einen Besuch wert.
D-Zug-Station der Strecke Innsbruck — Verona; Autobahnausfahrt nördlich der Stadt, mit Anschluß an die Höhenstraße nach St. Ulrich, welche die alte Trasse der Grödner Schmalspurbahn benützt und deshalb eine ausgeglichene Steigung von etwa 5 % aufweist. Nach 18 km ist der Hauptort des Grödner Tales, St. Ulrich, erreicht.

● 7 **Waidbruck**/Ponte Gardena, 471 m, mit der Abzweigung der alten Straße ins Grödner Tal, die jedoch seit Eröffnung der Höhenstraße von Klausen aus an Bedeutung verloren hat.

● **8** **St. Ulrich**/Ortisei, 1236 m, ist mit mehr als 4000 Einwohnern und vielen Hotels usw. der Hauptort des Grödner Tales. Bergbahnen zur Seiser Alm und zur Seceda, Sessellift zur Raschötz. 4 km talauf folgt

● **9** **St. Christina**/S. Cristina, 1427 m, mit seinen Liften: Col Reiser — Seceda, Monte Pana — Monte de Soura, Sochers — Ciampinoi. 3 km talauf im Talschluß das vor allem als Wintersportort beliebte

● **10** **Wolkenstein**/Selva di Val Gardena, 1563 m. Seilbahnen: Danterceppies — Grödner Joch, Ciampinoi.

Über das Grödner Joch, R 107, nach Colfuschg ins obere Hochabteital.

c) Von Süden über den Campolungosattel

● **11** **Bozen**/Bolzano, 265 m, ist mit etwa 110 000 Einwohnern die Hauptstadt der gleichnamigen Provinz und der Fremdenverkehrs-Mittelpunkt von Südtirol. Für das Hochabteital bedeutend als Ausgangspunkt der Großen Dolomitenstraße, R 101, die über

● **12** **Canazei,** 1463 m (Abzweigung der Straße zum Fedajapaß, R 111, Lift zum Sass Becce), und das Pordoijoch, R 103, nach

● **13** **Arabba,** 1602 m, im obersten Buchenstein führt. Hier zweigt die Straße über den Campolungosattel nordwärts ab, die nach etwa 9 km Corvara im obersten Abteital erreicht.

d) Von Osten über den Falzaregopaß

● **14** **Cortina d'Ampezzo,** 1210 m, das Verkehrs- und Fremdenzentrum der Dolomiten, ist östlicher Ausgangspunkt der Großen Dolomitenstraße. Busverbindungen nach allen Richtungen, viele Seilbahnen und Lifte, zahlreiche Hotels, Pensionen und Privatquartiere.

In das Hochabteital zwei Möglichkeiten:
Entweder auf der gut ausgebauten Großen Dolomitenstraße über

● **15** **Buchenstein**/Livinallongo, mit dem Hauptort Pieve di Livinallongo, 1475 m, 37 km nach Arabba, R 13, und wie dort nach Corvara,
oder über den Passo Tra i Sassi, 2199 m, und das Valparolajoch, 2192 m, R 108, auf teilweise schmaler Straße nach St. Kassian.

● **16—20** frei für Ergänzungen.

2. Talorte und Wanderungen im Hochabteital

In diesem Abschnitt sind die fünf großen Talorte des Hochabteitales mit ihren kleineren Wanderungen zusammengefaßt. Hütten, Übergänge und Gipfeltouren findet man im Abschnitt III. Doch sind auch bei einigen der kleineren Wanderungen, wenn sie sich aus der Talnähe entfernen, die für Bergtouren geltenden Punkte zu beachten. Die Pralongia zum Beispiel, bei schönem Wetter ein harmloses Spaziergebiet, kann sich bei Nebel in einen richtigen Irrgarten verwandeln.

a) Pedratsches und St. Leonhard

● **21 Pedratsches**/Pedraces, 1325 m, ist, wenn man von N kommt, der erste Ort des Hochabteitales. Zusammen mit St. Leonhard, Stern/La Villa und St. Kassian bildet es das Fremdenverkehrsamt Abtei, ital. Azienda Autonoma Soggiorno e Turismo Badia, Sitz in La Villa, I-39 030.

Die das Tal beherrschenden Wände der Kreuzkofelgruppe sind der Blickfang dieser Orte. Pedratsches liegt direkt an der Talstraße. Bushaltestelle, Sauna, Hallenschwimmbad, 6 Hotels, 8 Pensionen, zahlreiche Privatzimmer. Gondellift Heiligkreuz, Talstation am Ostufer der Gader.

Wanderungen von Pedratsches:

● **22 Sompuntsee,** etwa 1460 m, 20 Min., bequemer Spaziergang. Vom Südende des Ortes führt ein bez. Fußweg südlich über die Höfe Ciaminades und Paracia zu dem von Lärchen und Tannen eingerahmten kleinen See, den man auf einem kleinen Steig umrunden kann. Ghs.

Rückweg über St. Leonhard, ¾ st. Auf der Zufahrtsstraße zum Ghs. zur Autostraße hinab, über sie zur Gader, die auf einer Brücke überschritten wird. Dann nordwärts auf einem Fußweg nach St. Leonhard und Pedratsches.

● **23 Stern/La Villa,** ¾ st. Wie bei R 22 zum Sompuntsee und südwärts durch Wiesen und kleine Waldabschnitte über die Höfe von Sotsass, 1491 m, nach Stern/La Villa. Auf der oberen Straße, in die der Weg einmündet, kann man bis zur Kirche weiterwandern.

● **24 Lalungsee,** 1537 m, ¾ st. Von Pedratsches kurz auf dem mit Nr. 1 bez. Weg westlich hinauf zum Ww. „Rungghof". Hier rechts ab zu diesem Hof und nordwestlich zum Waldrand (Ww.). Längs eines Zaunes, der eine Waldwiese begrenzt, zu einem Heustadel und auf bez., steilem Waldweg einen Hang hinauf. Oben nach rechts und bald zum hübschen kleinen See, der im Gegensatz zum Sompuntsee, R 22, noch völlig naturbelassen ist (in den meisten Wanderkarten nicht eingezeichnet).

● **25 Joeljoch,** 1728 m, 1½ st. Hübsche Wanderung. Vom Ort 10 Min. auf der Autostraße abwärts, bis bei einem Hof links, westlich, ein bez. Weg durch Wald und Wiesen unterhalb der Höfe von Sottogardena langsam ansteigend nordwestlich zum Weiler Pescoll, 1613 m, hinaufführt. Hier südwestlich auf einem Sträßchen zum Waldrand und beliebig in kurzer Steigung zum Joch.

● **26 St. Leonhard,** 1371 m, der Nachbarort von Pedratsches, auf dem östlichen Ufer der Gader, reizvoll in Wiesen eingebettet, besitzt eine schöne Kirche mit herrlicher Barockausstattung, 1778 fertiggestellt, Fresken von Matthäus Günther.

Wanderungen von St. Leonhard:

● **27 Stern/La Villa,** 1 st. Knapp nach dem Ghs. Weißes Kreuz verläßt ein Fahrweg den Ort und leitet südwärts zum Weiler Anvi, 1394 m. Kurz danach Weggabel: Rechts hinab zur Gader, in den Flußauen auf Fußweg entlang, zuletzt zur Straße Stern — St. Kassian, oder links zum Adanghof und dann ebenfalls zur Straße hinab. Dann westwärts hinauf nach Stern/La Villa.

● **28 St. Kassian,** 1½ st. Wie bei R 27 zum Weiler Anvi. Hier am Berghang links aufwärts, dann südostwärts auf Fahrwegen, die die einzelnen Berghöfe verbinden, über Soltru, 1462 m, und Larzonei zum Weiler Pescolderung, dann nach Canins und langsam hinab nach St. Kassian.

● **29 Wallfahrtskirche Heiligkreuz,** 2043 m. Malerisch unter den Steilwänden des Heiligkreuzkofels gelegenes, altberühmtes Wallfahrtsziel. Herrliche, weitreichende Aussicht: Marmolata, Sella, Puezgruppe und Peitlerkofel. Der jetzige Bau stammt aus dem 16. Jahrhundert, trotz einer Vergrößerung von 1852 blieb der gotische Charakter weitgehend erhalten.

Das benachbarte Hospiz wird als Schutzhütte (30 B.) geführt und ist von Anfang Juni bis Mitte Oktober bew.

Zugang von St. Leonhard:
a) Mit dem Gondellift zur Bergstation, 1840 m, dann entlang der Kreuzwegstationen in ¾ st zur Kirche.

Unter den mächtigen, reichgegliederten Wandfluchten der Westseite des Heiligkreuzkofels hat das alte Wallfahrskirchlein Heiligkreuz mit seinem Hospiz Schutz gesucht und gefunden. Foto Ghedina

b) Von der Kirche in St. Leonhard führt ein mit Nr. 7 bez. Fußweg durch schöne Wiesen und Lärchenwald, teilweise etwas steil, entlang der Lifttrasse zur Lift-Bergstation, 1½ st. Weiter wie a).

● **30 Lech da Le,** 1818 m (nicht in den Karten angegeben). Von der Bergstation des Heiligkreuz-Liftes auf bez. Steig in 10 Min. südostwärts durch teilweise feuchten Wald zum kleinen, malerischen Teich.

Geht man in der gleichen Richtung weiter, so trifft man auf den mit Nr. 13 bez. Weg von Stern/La Villa — Heiligkreuz, R 45.

● **31 Belvedere** (Col Lastai), 1659 m. ¾ st. Lohnender, kurzer Aufstieg zu einem trotz geringer Höhe sehr lohnenden Aussichtspunkt. Von der Kirche St. Leonhard nördlich aus dem Ort. Auf bez. Weg an einigen Höfen vorbei, nach links über einen (1978 schräg abgerutschten) Steg, dann aufwärts zu einem Einschnitt mit Wegkreuz. Hier links der Bez. nach aufwärts, bis zu einer deutlich kenntlichen Abzweigung nach links, die zur kreuzgeschmückten, aussichtsreichen Anhöhe hinaufführt.

● **32 Heiligkreuz — Rumustlungs — Pederoa,** 3 st. Mit Hilfe des Heiligkreuz-Gondelliftes und Rückfahrt mit dem Linienbus von Pederoa eine schöne Halbtagswanderung, meist abwärts. Von der Bergstation hinauf zum Heiligkreuz-Kirchlein. Von ihm nordwestwärts auf Bez. 15 durch die schönen, hügeligen Armentara-Wiesen. Nach ½ st biegt der Weg 15 nordostwärts um und führt im Wald steil abwärts zum alten Bad Rumustlungs im Wengental. Auf der steilen Talstraße westlich hinab zur Bushaltestelle Pederoa, R 5.

● **33—35** frei für Ergänzungen.

● **36** **b) Stern/La Villa,** 1483 m

Bei dem 3 km südlich von Pedratsches gelegenen, aufstrebenden Fremdenverkehrsort gabelt sich das Tal in zwei Äste: Der linke, das eigentliche Gadertal, mit St. Kassian als Hauptort, heißt später Armentarola, der rechte, mit dem Gran-Ega-Bach, führt nach Corvara und Colfuschg. Der mächtige, würfelförmige Bau des Schlosses Rubatsch, in seiner jetzigen Form 1537 erbaut, macht trotz vieler Umbauten auch heute noch einen durchaus wehrhaften Eindruck.

Gut zwei Dutzend Hotels und Pensionen, viele Privatquartiere, Hallenbad, Sessellift Piz La Villa, 2077 m.

Wanderungen von Stern/La Villa:

● **37 Pedratsches,** ¾ st. Schöner Weg durch Wiesen und Waldteile. Von der oberen Dorfstraße, die zur Kirche führt, zweigt der zum Sompuntsee (Ww.) führende Weg ab. Nach dem Sompuntsee in gleicher Richtung weiter nach Pedratsches.

● **38 St. Leonhard,** 1 st. Vor der Straßenbrücke nach St. Kassian zum Bach hinab, unter der Straßenbrücke durch und am Ostufer der Gader auf schönem Fußweg nordwärts. Zuletzt zum Weiler Anvi und nach St. Leonhard.

● **39 St. Kassian,** 1 st. Hübscher Weg am Gaderbach aufwärts. Etwas südlich von der Abzweigung der Straße nach St. Kassian von der Hauptstraße auf einem Fußweg hinab zur Brücke über den aus dem Corvaratal kommenden Bach und auf dem orographisch linken Ufer der Gader in schöner Wanderung aufwärts. Nach ¾ st über eine Brücke und am gegenüberliegenden Hang hinauf zur Autostraße bei den ersten Häusern von St. Kassian.

● **40 Corvara,** 1 st. Schöne Talwanderung entlang des Gran-Ega-Baches. Im Südteil des Ortes hinab zur Brücke, die beim Sportplatz über den Bach führt. Am östlichen Ufer an den Hängen des Piz la Villa und des Col Alt durch schönen Bergwald weiter, bis man knapp vor Corvara auf die Autostraße kommt. In 10 Min. auf ihr nach Corvara.

● **41 Heiligkreuz-Kirchlein,** 2 st. Interessanter, bequemer Aufstieg zuerst durch Wiesen mit Bergbauernhöfen, dann durch lichten Bergwald. Von Stern/La Villa etwa 5 Min. auf der Autostraße nach St. Kassian, bis nach der Brücke bei einer Kurve der mit Nr. 13 bez. Weg abzweigt. Zuerst nordwärts, dann nordostwärts aufwärts (einmal eine Wegunterbrechung durch Straßen-Neubau). Nach der hübsch gelegenen Almhütte Castalt Wegteilung: Hier nicht links (zur Bergstation des Gondellifts von Pedratsches/St. Leonhard), sondern rechts auf Bez. 13 durch schönen Bergwald mit Kreuzwegtafeln zur Wallfahrtskirche Heiligkreuz, R 29.

● **42 Piz La Villa,** 2077 m. Die nördlichste Randerhebung der großen Pralongia-Hochfläche ist von Stern/La Villa mit einem Gondellift erreichbar und bietet eine weitreichende Aussicht. Lohnend ist

Die Pralongia bietet nach allen Himmelsrichtungen schöne Blicke an; hier nach Süden zur Marmolata. Vor ihrer vergletscherten Nordseite hebt sich der dunkle Kamm der Padonberge wirkungsvoll ab.

Foto Helga Hartl

Col Alto 23

der Abstieg zu Fuß, der in 1 st bewältigt werden kann: Von der Bergstation weglos bzw. auf Wegspuren rein südwärts, bis man auf die Bez. 4 trifft. Auf diesem Weg links, östlich, später nordöstlich hinab, bei P. 1782 an einer Schlepplift-Station vorbei, dann am linken Rand des Preinabaches weiter abwärts in den Wald. Nordwärts, einen Bachlauf querend, vollends hinab zur Einmündung des Weges in Nr. 39 knapp vor Stern/La Villa.

Weg Nr. 4 als Aufstieg (2 st) und mit dem Lift zurück ist ebenfalls eine schöne Halbtagswanderung.

● **43** **Rif. Pralongia,** 2139 m, privates Schutzhaus in der Mitte der weiten hügeligen Hochfläche, die im W vom Corvaratal und dem Campolungosattel, im NO und O von der Straße Stern/La Villa — Valparolajoch, im S von der Straße Arabba — Falzaregopaß begrenzt wird. Besonders ihr nördlicher Teil ist ein leichtes Wandergebiet mit herrlichen Blumenwiesen, eine verkleinerte Ausgabe der Seiser Alm, umgeben von Puez- und Sellagruppe im W, Marmolata im S, Tofanen im O und Kreuzkofelgruppe im N. Bei guter Sicht keine Orientierungsschwierigkeiten, bei Nebel jedoch ohne Kompaß nicht ratsam!

Von der Bergstation des Gondellifts von Stern/La Villa über die Wiesen südwärts, am Rif. La Brancia vorbei, bis man auf den Weg Nr. 23 vom Col Alt, R 54, trifft. Auf ihm kurz ostwärts, dann wieder in südlicher Richtung einen Höhenrücken entlang zum **Rif. Pralongia,** 25 B., 15 M., bew. von Mitte Juni bis Ende September. 1¼ st von der Gondellift-Station.

Abstiegsmöglichkeiten auch nach Corvara und St. Kassian, jeweils mit oder ohne Liftbenützung.

● **44—48** frei für Ergänzungen.

● **49** c) **Corvara,** 1588 m

Zusammen mit Colfuschg bildet der vor allem als Wintersportplatz berühmte Ort die Gemeinde Ladinia. Zahlreiche Hotels und Pensionen; Hallenbad. Viele Lifte dienen in erster Linie dem Skisport und haben daher im Sommer manchmal Betriebspausen. In der spätgotischen Katharinenkirche ein schöner Flügelaltar, mit einem Gemälde, die Enthauptung Katharinas darstellend, von einem unbekannten Meister um 1520, möglicherweise aus der Schule von Altdorfer, und zwei gotische Holzfiguren, die Apostel Petrus und Paulus darstellend. Leider wird das Kirchlein von großen Hotelbauten beinahe erdrückt.

Auf manchen Straßenschildern findet sich noch der eingedeutschte Name Kurfar für Corvara, der sich aber nicht durchgesetzt hat.

Wanderungen von Corvara:

● **50 Pescosta — Colfuschg,** ¾ st. Von der Straßengabel nördlich des Ortes führt eine Seitenstraße nordwärts zum Ortsteil Pescosta. Im Ort links, westwärts, und durch Wiesen auf bez. Weg durch einzelne Höfe nach Colfuschg.

● **51 Pisciadubach — Mündung des Val Mesdi,** 1 st, schöne kurze Wanderung. Von der südlichen Ortsmitte westwärts, an der Boè-Seilbahn, später am Golf- und Campingplatz vorbei, immer am orographisch rechten Bachufer durch Wald zur Mündung des Val Mesdi (Mittagstal), einem der wildesten Dolomiten-Hochtäler.

● **52 Gaderbach — Stern/La Villa,** 1 st. Schöner Waldweg am rauschenden Bergbach entlang. Zuerst auf der Autostraße talaus. Kurz vor der den Bach übersetztenden Brücke rechts von der Straße ab (Ww) und durch Wald im Corvaratal abwärts, bis es sich öffnet. Links auf einer Holzbrücke über den Bach nach Stern/La Villa hinauf.

● **53 Pescosta — Stern/La Villa,** 1½ st. Im Gegensatz zu R 52 führt diese Route auf der linken Talseite, oberhalb der Autostraße, abwechslungsreich und etwas Orientierungssinn fordernd, zum Ziel.

Von Pescosta, R 50, bei der Straßengabel im Ort nach rechts, nordostwärts durch Wald leicht abwärts und wieder steigend. Der Weg quert einen tiefen Wassergraben und mündet, anfänglich eben, später abwärtsführend, beim Hotel Cristallo in die Autostraße. Auf ihr kurz weiter, bis zwischen zwei Zäunen links ein Weg zum Weiler Varda hinaufführt. Aufwärts zum Waldrand und durch den Wald nordwärts, bis man auf Weg 7 stößt. Auf ihm weiter (bei Höhenlinie 1500 zweigt ein Steig zur Gardenazzahütte ab) und durch steile Wiesen auf die obere Ortsstraße von Stern/La Villa, die zur Kirche bringt.

● **54 Col Alt,** 1985 m, — **Rif. Pralongia,** 2139 m, 1¼ st (Einzelheiten über die Pralongia bei R 43). Von der bew. Bergstation des Col-Alt-Sessellifts (Fußweg, Bez. 23, von Corvara in 1¼ st) auf Weg 23 zuerst ostwärts, dann südlich zum Rif. Pralongia.

● **55 Negerhütte**/Capanna Nera, 1750 m — **Rif. Pralongia,** 2139 m, 1¾ st. Von Corvara südostwärts zum Ghs. Arlara, dann südlich über den Chiesabach zur Campolungostraße, die man kurz darauf nach links wieder verläßt. Auf einer alten Kriegsstraße zur Negerhütte (Ghs.). Auf der Kriegsstraße weiter, bis sie nach S abbiegt. Hier zweigt der mit 24 bez. Pfad ab, der über die Baitahütte (Ghs.) auf die Pralongia führt.

● **56** **Incisajoch,** 1938 m — **Rif. Pralongia,** 2139 m, 2 st. Wie bei R 55 zur Negerhütte. Von ihr folgt man dem alten Kriegsweg weiter zur breiten Senke des Incisajochs; hier links ab auf Bez. 22 zur Pralongia.

● **57** **Cherzplateau,** 2106 m, 2½ st. Wie bei R 56 zum Incisajoch und in leichter, genußreicher Wanderung auf dem breiten Wiesenrücken zuerst südwestlich, dann südlich zu den beiden höchsten Punkten des Cherzplateaus, 2106 und 2095 m, mit prächtiger Sicht, vor allem auf die Sella-Ostseite und den schwarzen, zerrissenen Padonkamm, hinter dem der Marmolatagletscher leuchtet.

Abstieg zum Campolungosattel (Bushaltestelle auf der Paßhöhe).

● **58** **Crep de Mont,** 2198 m — **Boèsee,** 2251 m. Von der Seilbahn-Bergstation der Kabinenseilbahn (Talstation in Corvara südlich des Straßendreiecks) gelangt man in kurzer Wanderung auf bez. Weg zu einem landschaftlichen Höhepunkt, dem in einer Karmulde eingebetteten sagenumwobenen Boèsee, dessen kreisrunder Wasserspiegel keinen Zu- und Abfluß zeigt. Aufstieg zu Fuß: R 279.

● **59—63** frei für Ergänzungen.

● **64** d) **Colfuschg**/Colfosco in Badia, 1645 m

Der weit auseinandergezogene, am Fuße der Puezgruppe gelegene Ort ist mit dem Nachbardorf Pescosta, 1574 m, durch viele Neubauten schon beinahe zusammengewachsen. Trotz der großen Zahl von Hotels, Pensionen und Privatzimmern ist das Quartierangebot im Winter meist nicht ausreichend. Auch im Sommer ist, ebenso wie in Corvara, frühzeitige Anmeldung notwendig.

Colfuschg ist eine alte Siedlung, urkundlich bereits 1153 erwähnt. Die hübsche Kirche, 1418—1452 erbaut, ist mit der Sella im Hintergrund ein bekanntes Fotomotiv. Der Turm bekam 1620 seine Zwiebelkuppel. Luis Trenker erzählt in seinem Gröden-Buch, daß Col-

Vor dem dunklen Bergwald steht der alte Kirchturm von Corvara
wie in alten Zeiten, als es noch keine großen Hotels gab,
die ihm heute auf den Leib gerückt sind. Foto Helga Hartl

fuschg um 1900 nur aus einigen Bauernhöfen bestand, und daß er zwei Sommer lang die Schafe eines Colfuschger Bauern gehütet hat.

Wanderungen von Colfuschg:

● **65 Pisciadubach — Corvara,** ¾ st. Südwärts (Ausgangspunkt Hotel Central) hinab zu einer Brücke über den Pisciadubach. Am anderen Ufer ostwärts, am Campingplatz vorüber und durch Wald, dann durch Wiesen, später an der Seilbahn-Talstation Crep de Mont vorbei, endlich wieder über den Bach und nach Corvara.

● **66 Pescosta — Corvara,** ½ st. Ostwärts auf einem Sträßchen durch Wiesen, an einigen Höfen vorbei nach Pescosta. Hier rechts zur Hauptstraße und auf ihr nach Corvara.

● **67 Col Pradatsch,** 2036 m — **Ciampaisee,** etwa 2200 m. Mit Liftbenützung ¾ st, ohne Lift 1½ st. Auffahrt mit dem Pradat-Sessellift zum Col Pradat, und durch Latschen fast waagrecht nordwestlich zur kleinen Kapelle, 2026 m (schöner Rückblick ins Val Mesdi). Hier trifft man auf Bez. 4 (zur Puezhütte) und 7 (zum Sass Songher). Letztere zweigt kurz darauf rechts ab. Nr. 4 steigt in dem großen Karboden weiter an, bis der kleine, im Verlanden begriffene Ciampaisee erreicht ist, der rechts unten liegt. Die Szenerie gibt bereits einen guten Eindruck von der eigenartigen Stimmung der Gardenaccia-Hochfläche (Fortsetzung des Aufstieges zur Puezhütte: R 225).
Ohne Lift: Nordwärts durch den Ort, und in gleicher Richtung durch den flachen Talboden, der links vom Ciampaiseekofel, 2653 m, rechts vom Sass Songher, 2665 m, eingerahmt wird. Vorbei an der Edelweißhütte (nur teilweise bew.), später ansteigend zur oben erwähnten kleinen Kapelle, 2026 m, und weiter wie dort.

● **68 Pescosta — Col Pradat,** 2036 m, 1¼ st. In Pescosta nordostwärts aus dem Ort, wo man einen bez., aber nicht mit Ziffer versehenen Steig trifft. Auf ihm nordwärts durch Waldteile aufwärts, zuletzt westlich umbiegend zum Schutzhaus auf dem Col Pradat.

● **69 Ciampatschwiesen,** 2063 m, 1¼ st, als Rundweg durch das Edelweißtal 2 st. Am Südfuß des Sass da Ciampatsch breiten sich blumenreiche Wiesen aus, die man, von Colfuschg westwärts aufsteigend, erreicht. Abstieg auch auf einem steilen Steig nordöstlich in das Edelweißtal.

● **70 Val-Mesdi-Mündung,** ½ st. Nordwestwärts zum Pisciadubach hinab, den man auf einer Brücke überschreitet. In gleicher

Richtung am Bach entlang weiter zur Ausgangsschlucht des Val Mesdi, das mit einem Steilabfall ins Haupttal mündet. Hübscher und landschaftlich aufschlußreicher Spaziergang.

● **71 Grödner Joch,** 2125 m, 1½ st. Wie bei R 70 zur Val-Mesdi-Mündung. Der Weg führt am Fuß der Nordabstürze der Sella weiter und erreicht dann die eigentliche Paßstraße, deren Kehren jedoch immer wieder abgekürzt werden können. Im Joch drei Ghs.

Rückweg auch auf aussichtsreichem, fast ebenen Wiesensteig am Fuß der Puez-Hochfläche: Vom Grödner Joch zweigt bei der großen Kehre nach N der bez. Steig ab, der zuerst ostwärts, dann nach N biegend, und wieder nordostwärts durch die Ciampatschwiesen, R 69, führt. Dann steil in das Edelweißtal hinab nach Colfuschg. 1½ st, bei Benützung des Linienbusses zum Grödner Joch schöne, leichte Wanderung.

● **72 Monte Bustaccio** (Bustatsch), 2222 m. Die aussichtsreiche Wiesenkuppe wird vom Grödner Joch (hierher wie bei R 71 oder mit dem Linienbus) westwärts auf dem breiten Kamm in ½ st erreicht.

● **73—75** frei für Ergänzungen.

● **76** e) **St. Kassian**/S. Cassiano, 1537 m

In dem von Stern/La Villa in südöstlicher Richtung gegen das Valparolajoch ansteigenden Tal liegt als Hauptort der bedeutende Sommerkurort und Wintersportplatz, dessen wenige alte Bauernhäuser zwischen den vielen Hotel-Neubauten kaum noch zur Geltung kommen. Die Pfarrkirche, 1762 an Stelle einer wesentlich älteren entstanden, besitzt eine reiche Innenausstattung, besonders Kanzel und Beichtstühle sind beachtenswert. Auch geologisch ist der Ort von Bedeutung: die an Versteinerungen reichen Kassianer Schichten sind nach ihm benannt. Viele Hotels (fünf mit Hallenbädern), Pensionen und Privatzimmer; Busverbindung nach allen Orten des Hochabteitals und zum Falzaregopaß, Sessellift zum Piz Sorega, 2003 m, auf der Pralongia-Hochfläche.

Wanderungen von St. Kassian:

● **77 Stern/La Villa,** 1 st. Hübsche Wanderung am linken Ufer des Gaderbaches. Beim Hotel Cime Bianche verläßt man die Hauptstraße nach links abwärts und gewinnt über eine Brücke den breiten Weg, der durch schönen Bergwald abwärts führt. Zum Schluß über den aus dem Corvaratal kommenden Gran-Ega-Bach und hinauf nach Stern/La Villa.

● **78 Heiligkreuz-Kirchlein,** 2043 m, 2½ st, sehr lohnender Aufstieg (Einzelheiten über Kirche und Hospiz: R 29).

Der mit 15 bez. Weg führt nordwärts aus dem Dorf heraus zuerst durch Wiesen, später durch Wald in meist mäßiger Steigung hinauf nach Heiligkreuz.

Abstiege nach Stern/La Villa auf Bez. 12 oder nach St. Leonhard (steiler) zu Fuß bzw. mit dem Gondellift.

● **79 Valparola-Almen,** 1738 m, 1 st. Auf der Autostraße 2 km talein zum Hotel Armentarola, hier auf Bez. 18 rechts ab auf einer Fahrstraße südwärts durch Wiesen in den Wald. In ihm langsam steigend in den scheinbaren Talschluß mit den Hütten der Eisenofenalpe, ladinisch Valparola (hier standen im späten Mittelalter Eisenöfen).

● **80 Valparolajoch,** 2192 m, 2 st. Die aussichtsreiche Paßhöhe ist ein durchaus lohnendes Ziel für eine Wanderung (je nach Fahrplan mit dem Linienbus nach St. Kassian zurück).

Wie bei R 79 zu den Valparola-Almen. Der Bez. 18 folgend auf dem steilen Sträßchen in einigen Kehren durch Wald hinauf, bis es ostwärts in die Autostraße einmündet. Diese kann man bald nach einer Linkskurve wieder nach rechts verlassen. In südlicher Richtung zum schon lange sichtbaren Rif. Passo di Valparola, 2168 m, ganzjährig bew., privat. Lohnender Abstecher südwärts (¼ st) zu einem Überrest des ersten Weltkriegs, der Ruine des österreichischen Sperrforts Tra i Sassi. Vorher rechts der kleine Lago di Valparola.

● **81 Capanna Alpina,** 1726 m, 1½ st, Ghs., im Sommer bew. Vom Hotel Armentarola, R 79, noch 10 Min. auf der Straße weiter, die bei der Abzweigung einer Nebenstraße links verlassen wird. Ostwärts am jungen Gaderbach zum Ghs. Oberhalb desselben eine ebene Fläche mit einsamen Rastplätzen. Rückweg auch am orographisch linken Ufer möglich, wobei man beim Rif. Sare die Hauptstraße erreicht.

● **82 Piz Sorega,** 2003 m, Sessellift (im Winter ist ein Parallellift in Betrieb), Talstation im oberen Dorf. Bei der Bergstation die ganzjährig bew. Ghs. Piz Sorega und Rif. Las Vegas.

Die alten und neuen Häuser von St. Kassian reihen sich entlang der Straße vom Gadertal zum Valparolapaß zu einem trotz vieler Neubauten malerischen Ortsbild. Foto Helga Hartl

Aufstieg zu Fuß 1½ st. Im oberen Ortsteil zum Gaderbach hinab, über eine Brücke und den Pralongiaweg (Bez. 22) aufwärts. Nach etwa ¾ st überschreitet Nr. 22 den Piccolbach, man bleibt jedoch auf dem diesseitigen, nördlichen Ufer und strebt über Matten dem Gipfel zu. Westlich zum Rif. La Branca, R 43, und wie dort zum Rif. Pralongia. 1¼ st vom Piz Sorega.

● **83—86** frei für Ergänzungen.

3. Die Nebentäler mit ihren Orten

Die drei Seitentäler des unteren Gadertals sind zwar auf der dem Führer beiliegenden Karte 1:50 000 nicht erfaßt, sie bieten aber so viele Tourenmöglichkeiten, daß die wichtigsten in diesem Führer doch nicht fehlen dürfen.

● **87** **a) Das Enneberger Tal**

Bei der kleinen Siedlung Zwischenwasser, R 3, zweigt nach links die Straße in das Enneberger Tal ab, das in seinem oberen Teil Rautal genannt wird. Die südostwärts ziehende Talstraße, bis oberhalb St. Vigil staubfrei, dann Schotter, endet nach 15 km beim **Rif. Pederu,** 1545 m (großer Parkplatz, im Juli und August Busverkehr).

Die vom Rif. Pederu ausgehenden schmalen und steilen Fahrwege zur Senneshütte, R 128, und zur Faneshütte, R 161, sind nur für Kfz mit Vierradantrieb fahrbar. Sie sind durch Regen ausgewaschen, haben keine Randsicherungen, außerdem Steigungen bis 22 %. Jeepverkehr durch die Hüttenwirte.

● **88** **St. Vigil,** 1201 m, 4 km von Zwischenwasser, ist wegen seiner hübschen Lage und den vielen Tourenmöglichkeiten ein beliebter Sommer- und Winteraufenthalt. Busverbindung mit Bruneck; 6 Hotels, viele Pensionen und Privatquartiere. Die Kirche, 1780 fertiggestellt, ist ein stattlicher Barockbau mit Deckengemälden von Matthäus Günther.

● **89** **b) Das Campilltal**

Die Straße in das Campilltal, bei St. Martin in Thurn, R 4, von der Gadertalstraße abzweigend, hat Bedeutung für das schöne Bergwandergebiet um Würzjoch, R 111, und Peitlerkofel, R 213.

Bei der Straßengabel, unmittelbar nach St. Martin, rechts am Schloß vorbei und auf großenteils staubfreier Straße (8 km) zum einsamen Dörfchen **Untermoi,** 1514 m. Zum **Würzjoch,** 2000 m, guter Fahrweg von Untermoi (wenige Serpentinen, Steigung um 12 %, Straßenbreite 3—4 m).

● **90** **Campill**/Longiaru, 1398 m, erreicht man, wenn man bei der in R 89 erwähnten Straßengabel in St. Martin geradeaus, südwärts, in das Campiltal fährt. Nach 6 km ist der Hauptort des Tales erreicht. Auffallend sind seine zweistöckigen, weißgekalkten Häuser auf den steilen Hängen der Sonnenseite. Ausgangsort für Peitlerkofel, R 213, und Schlüterhütte, R 209.

● **91** c) **Das Wengental**

Bei der kleinen Siedlung Pederoa, 1152 m, R 5, zweigt nach links die Serpentinenstraße in das kurze Wengental ab. Bis Wengen ist es steil und schluchtartig, dann öffnet es sich zu einer weiten, nur noch schwach ansteigenden Talmulde, auf deren sonnseitigen Hängen viele einzelne Höfe stehen. Talauf nach dem Hauptort das alte, einfache Schwefelbad **Rumustlungs** (Ghs.) und im Talschluß, überragt von Neuner- und Zehnerkofel, die kleine Siedlung **Spessa**, mit einem Ghs. am Straßenende, 1700 m.

● **92** **Wengen**/La Valle in Badia, 1353 m, ist eine alte Siedlung. Bereits 1296 wurden urkundlich 41 Höfe gezählt. Die Pfarrkirche ist ein 1953 renovierter Bau aus den Jahren 1868—74, dagegen lohnt sich der halbstündige Aufstieg zum Kirchlein St. Barbara, mit gut erhaltenen Deckenbildern und Wandgemälden von 1490. Auch die geschnitzte Emporebrüstung aus dem 16. Jahrhundert ist bemerkenswert.

Wengen ist Ausgangspunkt für Klein-Fanes, R 164, und das Heiligkreuz-Kirchlein, R 29.

● **93—100** frei für Ergänzungen.

4. Pässe und Paßstraßen

Die Dolomiten mit ihren vielen einzelnen Berggruppen und nach allen Richtungen laufenden Tälern haben es den Straßenbauern, ganz im Gegensatz zu anderen Teilen der Alpen, verhältnismäßig leicht gemacht, im Lauf von etwa hundert Jahren ein dichtes Straßennetz fertigzustellen. Wenn man von einigen Talstraßen, zum Beispiel der 1853—56 gebauten von Waidbruck nach St. Ulrich absieht, so war die fünfzig Jahre später eröffnete Große Dolomitenstraße der erste große Straßenzug, welcher der touristischen Erschließung diente. Ein weiterer großer Schritt war der Ausbau der im Gebirgskrieg von 1915—17 erstellten Nachschubstraßen, von denen jene über das Sellajoch und das Grödner Joch auch Bedeutung für das Hochabteital haben.

● **101** Die **Große Dolomitenstraße,** 1909 eingeweiht, verbindet Bozen mit Cortina d'Ampezzo. Die Idee dazu kam aus Kreisen des damaligen Deutschen und Österreichischen Alpenvereins. Geplant und unermüdlich vorangetrieben wurde das Projekt von zwei führenden Männern der Sektionen Bozen und Meran: Albert Wachtler und Dr. Theodor Christomannos.

Die Straße, 109 km lang, führt über den Karerpaß, das Pordoijoch und den Falzaregopaß. Mit Ausnahme der engen Eggenschlucht auf der Strecke Bozen— Karerpaß ist die Straßenbreite durchschnittlich 6 m, die Steigung durchschnittlich 8 %, wiederum die Eggenschlucht ausgenommen, an deren Beginn sie 15 % beträgt. Die Straße wird auch im Winter offengehalten.

● **102** Der **Karerpaß,** 1753 m, 29 km von Bozen, hat auf seiner Westrampe zwei landschaftliche Höhepunkte: die 5 km lange Eggenschlucht aus rotem Porphyr und den Karersee. Nach der Paßhöhe führt die Straße in vielen Kurven hinab ins Fassatal und zu dessen Hauptort Canazei, 1465 m, 22 km vom Karerpaß. Dann folgen 12 km Auffahrt mit 25 Kehren (an der nördlichsten Kehre Abzweigung zum Sellajoch) zum

● **103** **Pordoijoch,** 2239 m, mit der Talstation der Pordoi-Seilbahn, und dem Beginn des Bindelwegs, R 295. Ein fast ebener Fahrweg (zu Fuß ½ st) führt zum eindrucksvollen Kriegerehrenmal für 8000 Gefallene des ersten und 1000 des zweiten Weltkriegs.

Die Straße senkt sich nun (9 km, 33 Kehren) nach Arabba, R 13, und weiter hinab, vorbei am Col di Lana, R 202, nach Pieve di

Livinallongo/Buchenstein, 1465 m, und Andraz, 1421 m, 19 km vom Pordoijoch. In Andraz beginnt die Auffahrt zum

● **104** **Falzaregopaß,** 2105 m, 11 km von Andraz, mit 20 Kehren, davon eine als Kehrtunnel angelegt. Von der Paßhöhe großartiger, hochalpiner Rundblick. Talstation der Lagazuoi-Seilbahn, Abzweigung der Straße über das Valparolajoch, R 108, nach St. Kassian.

Die letzten 16 km der Großen Dolomitenstraße senken sich in mehreren Kehren über die Hotelsiedlung Pocol hinab nach Cortina d'Ampezzo, 1210 m, dem Fremdenverkehrszentrum der östlichen Dolomiten mit seinem Olympia-Eisstadion und vielen Hotels.

● **105** Das **Sellajoch,** 2214 m, stellt die Verbindung zwischen Canazei im Fassatal, R 102, und den Orten im Grödner Tal, R 8—10, sowie über das Grödner Joch, R 107, in das Hochabteital her. Steigung auf der Nordseite bis 9 %, auf der Südseite bis 11 %; Anhängerverbot.

Beim Sellajochhaus (CAI) befindet sich die Talstation des Gondellifts in die Langkofelscharte. Die ganze Sellajochstraße bietet immer wieder alpine Höhepunkte: im O der mächtige Sellastock, im S der Firn der Marmolata, im W die Langkofelgruppe, im N die Geislerspitzen.

● **106** Der Campolungosattel, 1875 m, ist von den vier den Sellastock umgebenden Pässen der sanfteste und niedrigste. Er verbindet Corvara mit Arabba, R 13. Gleich nach Corvara 11 Kehren, Steigung dort 8 %, Entfernung zwischen beiden Orten 11 km.

● **107** Das **Grödner Joch,** 2121 m, wird von einer im ersten Weltkrieg für den Nachschub gebauten Straße überschritten, die das Grödner Tal mit dem Hochabteital verbindet. Der gut ausgebaute Westteil (6 km von der Abzweigung beim Hotel Miramonti von der Sellastraße) hat fünf Kehren, Steigung maximal 8 %, der Ostteil, 10 km, ist sehr kurvenreich, Steigung bis 12 %. Anhängerverbot.

● **108** Das **Valparolajoch,** 2192 m, wurde im ersten Weltkrieg durch einen Nachschubweg erschlossen, der in den letzten Jahren als Paßstraße ausgebaut wurde. und eine kurze Verbindung von Cortina d'Ampezzo über den Falzaregopaß nach St. Kassian im Hochabteital herstellt. Höchststeigung vor der Paßhöhe 12 %, gut ausgebaute Kehren.

Die Straße zieht von St. Kassian südostwärts bis zum Talschluß, überwindet in sieben Kehren eine Talstufe und erreicht dann die Paßhöhe mit dem gleichnamigen Rifugio. Weiter an einem gesprengten alten Sperrfort vorbei, das ebenso wie der dann folgende Sasso di Stria / Hexenstein, an den Gebirgskrieg 1915/17 erinnert, zur Einmündung in die Große Dolomitenstraße beim Falzaregopaß.

Für Liebhaber von Paßfahrten sollen hier noch drei Strecken beschrieben werden, die sich gut für eine Rundfahrt eignen:

● **109** Der **Fedajapaß**, 2057 m, nördlich der Marmolata, erschließt das Sommer-Skigebiet des Marmolatagletschers, das wegen seiner ausgezeichneten Schneebeschaffenheit berühmt ist.

Man verläßt in Canazei, R 102, die Große Dolomitenstraße nach rechts und gelangt auf guter, 5 m breiter Straße (Steigung bis 8 %) über Alba und Penia in das vom Vernel beherrschte Tal. Die Straße steigt am Gegenhang in vier großen Kehren an, führt durch einige Lawinengalerien und erreicht nach einem unbeleuchteten, über 350 m langen, Tunnel die Staumauer des Fedajasees mit dem Rif. Marmolada, 2044 m. Über die Sperrmauer und am Südufer (Zufahrt zum Sessellift Pian Fiacconi) zur Paßhöhe.

Die Kehren hinab zum Pian de Lobbia, 1926 m, sind zwar gut ausgebaut, doch ist die Straße hier nur 3 m breit. Durch Lärchenwald weiter abwärts zur Talstation der Marmolata-Seilbahn, 1446 m. Von hier ab ist die Straße wieder normal ausgebaut, sie bringt über Rocca Pietore nach 18 km in Pieve di Livinallongo, R 15, den Anschluß an die Große Dolomitenstraße.

● **110** Der **Giaupaß**, 2236 m, ist auf seiner Südrampe erst im Ausbau begriffen, man muß also mit Straßenarbeiten rechnen. Der Nordteil ist bis zur Paßhöhe und etwas darüber eine zwar kurvenreiche, aber normal breite staubfreie Straße, Höchststeigung 12 %. Er verbindet Selva di Cadore und Caprile mit Cortina d'Ampezzo. Anschluß an diese Strecke auch von Rocca Pietore, R 109, ostwärts über den Cordevolebach nach Caprile. Das prachtvoll gelegene, schmucke Bergdorf Colle Santa Lucia, 1453 m, sollte man nicht versäumen!

Der breite Sattel des Grödner Jochs wird links von den nördlichen Ausläufern der Sella, rechts von den Tschierspitzen bewacht. Dazwischen zieht die Straße in vielen Kehren von Colfuschg zur Paßhöhe hinauf. Foto Helga Hartl

Die Straße über den Giaupaß zweigt an der nördlichsten Kehre der durch das Fiorentinatal führenden Straße SS 251 nördlich in das Codalungatal ab. Sie behält trotz zahlreicher Kehren diese Richtung bei und biegt erst kurz vor dem Talschluß, in dem ein Skizirkus angelegt wird, ostwärts zur Paßhöhe um.

Jenseits nordöstlich durch Wiesen hinab zur „Muraglia di Giau", einer Natursteinmauer, die im 18. Jahrhundert als Gemeindegrenze quer durch das Tal gebaut wurde. Im dichter werdenden Wald weiter bis zur Einmündung in die Große Dolomitenstraße bei der Hotelsiedlung Pocol oberhalb Cortina d'Ampezzo.

● **111** Das **Würzjoch** (Passo delle Erbe), 2006 m, ist der höchste Punkt einer Straße, die das Eisacktal (Brixen) mit dem Gadertal über Untermoi, R 89, verbindet.

Von Brixen auf der staubfreien Plosestraße zum Berghotel **Vallazza,** 1760 m. Hier zweigt ein schmales Sträßchen rechts ab, nimmt beim „Russikreuz" einen von St. Peter in Villnöß heraufkommenden schmalen Fahrweg auf und zieht dann zum **Kofeljoch (Halsl),** 1866 m. Bei einer Gabelung nach rechts durch Almwiesen zum Würzjoch.

Der Abschnitt Vallazza — Würzjoch besteht aus meist einspurigen, geschotterten Fahrwegen, Steigungen bis 12 %, dagegen ist der Abschnitt Würzjoch — Untermoi — St. Martin in Thurn bei einer Breite von 3—4 m größtenteils staubfrei, die Steigungen betragen ebenfalls 12 %. Der ganze Straßenzug wird **Brixener Dolomitenstraße** genannt.

● **112—120** frei für Ergänzungen.

III. Die Berggruppen mit ihren Schutzhütten, Übergängen und Gipfelanstiegen

Viele Gipfeltouren der Bergumrahmung des Hochabteitals können dank weit hinaufführender Straßen oder Bergbahnen von den Talorten aus als Tagestouren ausgeführt werden. Manches entlegenere Bergziel jedoch ist nur mit Hilfe eines geeigneten hochgelegenen Stützpunktes erreichbar, und selbst bei kürzeren Anstiegen ist im Falle eines Wettersturzes eine Hütte als schützendes Obdach willkommen.

Problematisch ist in allen alpinen Führern die Angabe der Bewirtschaftungszeit. Diese kann sich je nach Wetterlage oder aus anderen Gründen kurzfristig ändern. Im Frühsommer und Herbst ist es daher unbedingt notwendig, sich im nächsten Talort zu erkundigen, ob die Hütte schon oder noch geöffnet ist.

Bei der Auswahl der Gipfeltouren wurde auf die Beschreibung wegloser, verwickelter Anstiege ebenso verzichtet wie auf solche, die brüchiges Gelände aufweisen. Dagegen ist bei vielen Wegen Trittsicherheit und Schwindelfreiheit vorauszusetzen, was bei jeder derartigen Tour vermerkt ist. Auch der Umgang mit Drahtseilwegen dürfte bei der Beliebtheit solcher Anlagen (in den Dolomiten als „vie ferrate", Eisenwege, bekannt) fast jedem Bergwanderer vertraut sein.

1. Enneberger Dolomiten

Wer zum erstenmal in diese nördlichste Dolomitengruppe kommt, dem wird eine leichte Enttäuschung nicht erspart bleiben: Er vermißt die aus grünen Matten wachsenden Fermedatürme, den Formenreichtum der Sextener und die Farbigkeit des Rosengartens. Aber auch die bleichen Berge um Sennes-und Fanesalpe haben ihre Reize, wenn sie sich auch nicht auf den ersten Blick erschließen.

a) Hütten, Hüttenwege und Übergänge

● 121 **Furkelhütte,** 1745 m

Privates Bergghs. am Furkelsattel. 20 B., im Sommer bew. Der Aufstieg von St. Vigil, R 88, benützt meist die Autostraße: 1¾ st. Diese zwar staubfreie, aber schmale Straße führt (8 km, Steigung bis

12 %) zum Furkelsattel. Die Weiterfahrt zum Kronplatzgipfel auf dem nun unbefestigten, schmalen Sträßchen (Ausweichen vorhanden, 8 km, 23 Kehren, Steigung bis 23 %) ist nur bei absolut trockenem Boden ratsam!

Übergang zum Kronplatz: R 139.

● 122 **Pederuhütte,** 1545 m

Privates Bergghs. am Ende des Rautales, R 87. Mit Kfz erreichbar, 20 B., bew. von Ende Mai bis Ende Oktober. Jeepverbindung zur Sennes- (R 128) und Faneshütte (R 161).

Übergänge:

● 123 Zur **Senneshütte,** 2126 m, 2½ st. Beide Hütten liegen am Dolomiten-Höhenweg Nr. 1. Auf den steilen Kehren des Jeep-Sträßchens aus dem Talschluß ostwärts hinauf auf das etwas öde Sennesplateau und nordwärts zur Senneshütte, R 128.

● 124 Zur **Fodara-Vedla-Hütte,** 1965 m, 1½ st. Wie R 123 das Sträßchen hinauf, nach der ersten Steilstufe rechts ab (Bez. 9) und ostwärts zur Hütte, R 126.

● 125 Zur **Fanes-** (R 161) und **Lavarellahütte** (R 165), 2060 bzw. 2045 m, 1½ st. Auf dem mit 7 und dem blauen Dreieck des Dolomiten-Höhenweges 1 bez. Fahrweg zu den am Ostrand der Kleinen Fanesalpe liegenden Hütten. Die Wanderung ist etwas eintönig.

● 126 **Fodara-Fedla-Hütte,** 1965 m

Östlich über der Pederuhütte gelegene private Hütte (Neubau geplant); 12 B., bew. von Mitte Juni bis Ende September. Zugang von Pederu: R 124.

● 127 Übergang zur **Senneshütte,** R 128: Auf Bez. 7 westwärts zum Sträßchen und wie bei R 123 in 1¼ st zur Senneshütte.

● 128 **Senneshütte,** 2126 m

Auf der Sennesalpe in der obersten Talmulde des Val Salata gelegene, private Hütte, 33 B., bew. von Mitte Juni bis Ende September. Auf Bestellung Jeep-Zubringerdienst. Von der Pederuhütte: R 123.

Übergänge:

● 129 Zur **Pederuhütte,** R 122, 1½ st. Südostwärts auf dem Jeepsträßchen über das Sennesplateau, dann westlich in Kehren hinab zur Pederuhütte.

● **130** Zur **Seekofelhütte,** R 131, 1 st. Auf Bez. 6 (auch Dolomiten-Höhenweg 1) zuerst ostwärts, dann nach links umbiegend um den niederen Col di Siores, 2333 m, zum Schluß wieder ostwärts zur Seekofelhütte.

● **131** **Seekofelhütte,** (Rif. Biella), 2300 m

Südlich des Seekofels gelegene Hütte des CAI, Sektion Treviso, 18 B., bew. von Ende Juni bis Ende September. Zugang von der Senneshütte: R 130.

Die Hütte ist der erste Abschnitt des **Dolomiten-Höhenweges Nr. 1,** der beim Hotel Pragser Wildsee, 1494 m, beginnt.

● **132** Aufstieg 4 st. Vom Hotel am Westufer des malerisch unter dem mächtigen Seekofel gelegenen Sees entlang, dann auf gutem, bez. Steig südwärts das steile Hochtal hinauf zu einer Verflachung, dem „Nabigen Loch". Weiter durch Wald und Geröll in Kehren an den Fuß des Seekofel-Ostgrats. Um ihn herum nach W durch das große Ofenkar zur Porta al Forn, etwa 2300 m, zwischen Seekofel und Ofenmauer. Von der Scharte südwärts kurzer Abstieg zur Hütte.

● **133** Übergang zur **Senneshütte,** R 128, ¾ st, auf Bez. 6: R 130 in umgekehrter Richtung.

● **134—138** frei für Ergänzungen.

b) Gipfelanstiege in den Enneberger Dolomiten

● **139** **Kronplatz,** 2277 m

Dieser Berg ist ein völliger Außenseiter, der eigentlich in den Dolomiten nichts zu suchen hat, weil er aus Schiefer besteht. Auch sein Gipfel, eine breite, abgerundete Hochfläche, ist ausgesprochen unalpin. Doch bietet er eine trotz der verhältnismäßig geringen Höhe weitreichende Rundsicht von den Zillertaler Gletschern bis zur Marmolata. Dazu kommt noch der Tiefblick ins Pustertal.

Auf der Südseite der Gipfelfläche steht das Brunecker Haus des AVS, ganzjährig bew., 40 B., 20 M., auf der Nordseite das Kronplatzhaus des CAI, bew. von Juli bis September, 26 B.

● **140** Von der **Furkelhütte,** R 121, auf dem Sträßchen nordwärts zuerst durch Wald, dann über freie Hänge in 1½ st auf die breite Gipfelfläche.

● **141** Von **Bruneck,** R 1, nach Reischach (Busverbindung) zur Talstation der Seilbahn (Funivia) zum Kronplatz. Hier beginnt auch der mit 1 bez. bequeme Fußweg, der in 3 st zum Gipfel führt.

● **142** **Piz da Peres,** 2507 m

Der westlichste Gipfel eines Kammes, der mit schroffen Wänden das Tal von Olang beherrscht. Seine Aussicht reicht im N von den Ötztaler Alpen bis zu den Hohen Tauern, im S reicht der Blick über die näheren Gruppen bis zum Rosengarten, zur Marmolata und zu den Sextener Dolomiten.

● **143** Vom **Furkelsattel,** R 121, wenige Minuten ostwärts auf dem nach Olang führenden Sträßchen, bis rechts ein mit 3 bez. Weg von ihm abzweigt, der durch Wald steil aufwärts führt. Unter den Nordabstürzen des Piz da Peres quert man bis zu dem großen Schuttkar zwischen Piz da Peres und Dreifingerspitze. Hier von dem geradeaus weiterlaufenden Steig rechts ab (bez.) und am rechten Rand des Schuttkars etwas mühsam in die Dreifingerscharte. Von ihr über die grasigen Osthänge zum Gipfel. 2½ st.

● **144** Von **St. Vigil,** R 88, von der Kirche ostwärts und einen mit 19 bez. Waldweg bergauf, bis nach 1½ st eine Waldlichtung (Plan Larsai, 1668 m) erreicht ist. Hier zweigt links ein mit 12 bez. Weg ab, der zuerst durch Wald, dann über eine flache Wiese und einen langen Rücken führt. Zuletzt über leichte Felsen auf den Gipfel. 3½ st.

● **145** **Dreifingerspitze,** 2479 m

Der sich ostwärts des Piz da Peres, R 142, erhebende Gipfel wird von der Dreifingerscharte, R 143, ostwärts über einen Grasrücken ohne Schwierigkeit in ¾ st bestiegen. Gipfelsammler können ihn nach dem Besuch des Piz da Peres „mitnehmen“.

● **146** **Monte Sella di Sennes,** 2788 m

Der höchste Gipfel der Enneberger Dolomiten, ein lohnendes, für Geübte unschwieriges Bergziel, etwas Trittsicherheit und Orientierungsvermögen erfordernd. Die Aussicht ist ähnlich weitreichend wie vom Piz da Peres, R 142.

An der Lavarella, dem mächtigen Nachbarn des Heiligkreuzkofels, sind die gewöhnlich waagrecht gelagerten Kalkschichten von Urgewalten gebogen und zersplittert. Foto Klaus Gerosa

● **147** Von der **Seekofelhütte,** R 131, ¼ st südwestwärts auf dem Fahrweg zur Senneshütte, hier auf mit 23 und 24 bez. Pfadspuren (später nur noch 24) westwärts über die Hochfläche der Sennesalpe. Zum Schluß nordwärts in die Sennesscharte, 2519 m, (die Bez. 24 führt durch das Krippestal hinab nach St. Vigil). Von der Scharte links, südwärts, teils auf, teils links neben dem geröllbedeckten Grat zu einem Geröllband und über Schutt und Gras auf den Gipfel. 3½ st.

● **148** Von der **Senneshütte,** R 128, auf Pfadspuren nordwärts über die Sennesalpe, bis man auf den in Ostwestrichtung verlaufenden Weg 24 trifft. Auf ihm westwärts wie bei R 146 in die Sennesscharte und weiter wie dort. 4 st.

● **149** Von **St. Vigil,** R 88, auf der Rautalstraße ¾ st zum kleinen Kreidesee, 1282 m (Hotel). Hier links auf bez. Weg in der steilen Schlucht des Krippestals (schöne Wasserfälle) aufwärts, an einigen Hütten vorbei in das Talende. Ziemlich steil über das Schuttkar auf bez. Steigspuren hinauf in die Sennesscharte, 2519 m. Zum Gipfel wie bei R 146. 5 st von St. Vigil.

● 150 **Seekofel,** 2810 m

Die gewaltigen Nordabstürze des berühmten Gipfels, das Glanzstück des Pragser Wildsees, lassen nicht ahnen, daß seine Ersteigung von S her verhältnismäßig leicht ist. Wegen seiner Höhe und freien Lage bietet er ein Rundum-Panorama auf alle Dolomitengruppen und einen großen Teil der Zentralalpen, dazu kommt der einzigartige Tiefblick zum Pragser Wildsee, 1300 m tiefer.

● **151** Von der **Seekofelhütte,** R 131, nordostwärts in wenigen Minuten zur Porta sora al Forn. Dann auf ziemlich steilem Steig über den zuerst felsigen, später grasigen SO-Grat (an schmalen Stellen Drahtseile) auf das breite Gipfeldach und über dieses zum höchsten Punkt.

● 152 **Gamezalpenkopf,** 2543 m, und **Großer Roßkofel,** 2559 m

Wer Einsamkeit liebt, kommt hier auf seine Rechnung. Das weite Almgebiet der Roßalm östlich des Pragser Wildsees ist ein ideales Bergwandergebiet ohne Schwierigkeiten, nur die nordseitigen Wandabbrüche erinnern daran, daß man sich in den Dolomiten befindet.

● **153** Von der **Seekofelhütte,** R 131, ostwärts bis zur Wegegabel, wo der Dolomiten-Höhenweg von N heraufkommt. Hier auf Bez. 3, später 4 durch das große Ofenkar in 1¼ st zu einer Wegteilung (Ww.). Nach links, nordwärts, auf Bez. 28 über die Roßalpe, zuletzt über Schutt in den Gamssattel, 2443 m, zwischen Gamezalpenkopf links, westlich, und Großem Roßkofel rechts, östlich. Beide erreicht man ohne Schwierigkeit in je ½ st. Gesamtzeit für einen Gipfel 3 st.

● **154** **Rote Wand,** 2604 m,
und **Kleine Gaisl**, 2857 m

Vom Großen Roßkofel, aber auch von vielen anderen Gipfeln des Gebietes, fällt die wuchtige Erscheinung der Hohen Gaisl (Groda Rossa, 3139 m, auf anderen Karten 3148 m) als erste auf. Dieser gewaltige Felsriese ist nur erfahrenen und vor allem mit brüchigem Gestein vertrauten Kletterern zugänglich. Jedoch bieten seine nordwestlichen Ausläufer zwei Gipfel an, die auch für den geübten Bergwanderer geeignet sind und lohnende Ziele darstellen. Allerdings sind Trittsicherheit und Erfahrung im weglosen Gelände Voraussetzung. Nur bei sichtigem Wetter!

● **155** Von der **Seekofelhütte,** R 131, auf Weg 28 ostwärts unterhalb der Ofenmauer in ¾ st in die Forcella di Cocodain, 2328 m. Von hier ab (nur noch Steigspuren) durch Blockwerk dem nördlichen Gratausläufer der Roten Wand entlang zum westlichen Ausläufer und sehr steil über Geröll und kleine Felsabsätze auf den breiten Grat und über ihn ostwärts (Gras und Geröll) auf den Gipfel der **Roten Wand** mit kleinem Holzkreuz. Von der Seekofelhütte 2½ st.

Weiterweg zur Kleinen Gaisl: Vom Gipfel kurzer Abstieg in einen Sattel und südostwärts durch Blockwerk und über Geröll (spärliche Steindauben-Markierung) in 1 st auf die **Kleine Gaisl** mit interessanten Nahblicken in die wilden Abstürze und Wände der Hohen Gaisl.

● **156—158** frei für Ergänzungen.

2. Kreuzkofel-Fanesgruppe

Hinter der gewaltigen Felsmauer der Kreuzkofelgruppe, die in großem Bogen von ihrem nördlichsten Gipfel, dem Neuner, 2967 m, über Zehnerspitze, 3023 m, Heiligkreuzkofel, 2908 m, und Lavarella, 3055 m, nach S zieht und mit der Cunturinesspitze,3064 m, endet, verbirgt sich das sagenumwobene Reich der Kleinen und Großen Fanesalpe. Die Nordwest- und Westabstürze der Kreuzkofelgruppe beherrschen in echt dolomitischer Schönheit das Hochabteital auf seiner Ostseite. Einen völlig anderen Charakter hat dagegen die hufeisenförmig eingerahmte, nur von einigen kleinen Seen und Rasenflecken unterbrochene Karrenböden-Landschaft von Fanes. War hier in alten Zeiten alles grün und fruchtbar, wie die ladinischen Sagen vom Volk der Fanes erzählen? Jedenfalls fanden Bozener Heimatforscher 1953 an der Nordseite einer kleinen Erhebung östlich der Zehnerspitze (Fanesburg/Castello di Fanes, 2657 m, R 178) die Reste eines großen Ringwalles mit prähistorischen Topfscherben.

a) Hütten, Hüttenwege und Übergänge

● **159** **Heiligkreuz-Hospiz,** 2045 m

Einzelheiten bei R 29. Zugänge: Von St. Leonhard R 29, von Stern/La Villa R 41, von St. Kassian R 88, von Wengen R 32 in umgekehrter Richtung, 2½ st.

● **160** Übergang zur **Lavarellahütte,** R165: Südostwärts auf Bez. 7 durch Latschen und Schutt an den Wandfuß, auf einem durch Drahtseile gesicherten, neuerdings gut instandgesetzten Steig in gleicher Richtung in die Kreuzkofelscharte, 2609 m, 1¾ st. Ostwärts in Kehren hinab zur Hochfläche der Kleinen Fanesalpe, der spärlichen Bez. 7 folgend zuerst nach O, dann nach NO in 1¾ st zur Lavarellahütte hinab. Gesamtzeit 3½ st, Trittsicherheit und Bergerfahrung notwendig.

● **161** **Faneshütte,** 2060 m

Am Ostrand der Kleinen Fanesalpe; wird vom Dolomiten-Höhenweg 1 berührt. Privat, 39 B., 40 M., bew. von Anfang Juni bis Ende Oktober.

Zugänge: Von der **Pederuhütte:** R 122.

● **162** Von **St. Kassian** über die Capanna Alpina, R 81: Von dieser nordwärts über den Col Loggia, 2060 m, in das Tadegajoch, 2153 m. Jenseits leicht abwärts zur Großen Fanesalpe, 2104 m, und jetzt auf dem Dolomiten-Höhenweg 1 nordwärts weiter über das Limojoch, 2172 m, und einige Kehren hinab zur Faneshütte. 4 st von St. Kassian.

● **163** Von **Stern/La Villa** auf bez. Steig 12 in den Lavarellasattel, 2591 m; teilweise Trittsicherheit erforderlich. Jenseits hinab und durch das schwach ausgeprägte Paromtal zur Lavarella- und Faneshütte. 4 st.

● **164** Von **Wengen,** R 92, bzw. Spessa, R 91, über das St.-Antoni-Jöchl (Fanesjöchl),2466 m, 4 st von Wengen. Landschaftlich schöner, mit 13 bez. Weg bzw. Steig durch das Valle di Fanes. Der letzte Teil des Jochanstiegs führt steil über Schutt und Schnee.

● **165** **Lavarellahütte,** 2045 m

Auf der kleinen Fanesalpe, knapp 10 Min. westlich der Faneshütte. 33 B., bew. von Anfang Juli bis Ende Oktober.

Zu- und Übergänge wie bei der Faneshütte, R 161—164.

● **166** **Rif. Della Pace/Monte Castello,** 2760 m

Diese unbewirtschaftete, etwa 14 Personen Unterkunft bietende, kleine Hütte liegt in dem das Travenanzestal westlich begrenzenden Bergkamm an einer Variante des Dolomiten-Höhenweges Nr. 1 nördlich des M. Castello. Nur für die Begeher des Klettersteiges von der Südlichen Furcia Rossa, R 186, von Bedeutung. Keine Decken, kein Wasser, wegen des Schlüssels in der Fanes- oder Lavarellahütte fragen!

● **167—169** frei für Ergänzungen.

b) Gipfelanstiege in der Kreuzkofel-Fanesgruppe

● **170** **Heiligkreuzkofel,** 2908 m

Das Schaustück des Hochabteitales ist die große, nach W gerichtete Felsmauer dieses Berges, mit ihren 800 m hohen, in der Abendsonne gelb und rot leuchtenden steilen Wänden, die zahlreiche Kletteranstiege aufweisen. Aber dank einer guten Steiganlage kann auch der Bergwanderer, sofern er trittsicher ist und etwas Übung auf gesicherten Wegen hat, die hervorragend schöne Aussicht vom Gipfel genießen.

● **171** Vom **Heiligkreuz-Hospiz** wie bei R 160 in die Kreuzkofelscharte, 2609 m. Nun nordwärts auf oder rechts neben dem Grat über Fels und Geröll zum Gipfelkreuz. 3 st vom Heiligkreuz-Hospiz.

● **172** Von der **Lavarellahütte,** R 165, westwärts auf Bez. 7 über die wellige, felsdurchsetzte Hochfläche der Kleinen Fanesalpe in Richtung der deutlich sichtbaren Kreuzkofelscharte. In Kehren zu ihr hinauf, dann weiter wie bei R 171. 3½ st von der Lavarellahütte.

● **173** **Zehnerspitze,** 3023 m

Sehr geübte Bergsteiger, die auch den Schwierigkeitsgrad II beherrschen, können vom Heiligkreuzkofel den Übergang zum Zehner machen. Vom Gipfel nordostwärts an seine steile SW-Flanke heran, Anstieg über den diese Flanke links begrenzenden SW-Grat. Eine steile Rinne ist die schwierigste Stelle (Drahtseil, II). Dann ohne Schwierigkeiten zum Gipfel. ¾ st vom Heiligkreuzkofel.

● **174** **Lavarella (La Varella),** 3055 m

An diesem Berg sind die eigenartigen Plattenbänder besonders gut ausgeprägt. Gegen das Tal von St. Kassian zeigt er fast 1000 m hohe Wände, von O her steigt er sanfter an. Von dieser Seite her erfolgen auch die Anstiege, die aber im weglosen Gelände mit spärlichen Pfadspuren gutes Orientierungsvermögen verlangen.

● **175** Von der **Faneshütte** südwärts auf dem Dolomiten-Höhenweg 1 über die Große Fanesalm in langsamer Steigung bis kurz vor das Tadegajoch, 2153 m. Hier westlich über eine Steilstufe in den Vallon de Lavares und auf Pfadspuren mit wechselnder Steigung, teilweise über Karrenplatten und Schutt, in den weiten Sattel zwischen La Varella und Zweischartenspitze. Von hier nordwestlich über steilen Schutt auf ein schmales aber gut gangbares Band (Bez., Steinmänner), das man nach rechts (östlich) bis zu seinem Ende verfolgt. Nun über Schutt und Karren, immer der Bez. folgend, zu einem steileren Aufschwung, den man unschwierig durch eine brüchige Schrofenrinne überwindet. Man gelangt so auf den mäßig geneigten Westgrat des La-Varella-Hauptgipfels, der ohne Schwierigkeiten bis zum höchsten Punkt verfolgt wird. Etwa 2½—3 st vom Tadegajoch, 4—4½ st von der Faneshütte. Empfehlenswerter als R 176.

● **176** Von der **Lavarellahütte** auf Bez. 12 in das Parontal. Man verfolgt es bis zu seinem Ende (zuletzt weglos, da Bez. 12 das Tal

Abstieg vom Gipfel der Lavarella.
Die Bergsteiger befinden sich auf dem in R 175 beschriebenen schmalen, aber gut gangbaren Band. Foto Horst Höfler

kurz vor dem Paronsee nach rechts verläßt) und steigt über die gangbarste Stelle der Schutt- und Schrofenflanke zwischen Paromspitze links und La Varella rechts zum Grat hinauf. Über diesen nach rechts zum Gipfel. 4 st von der Lavarellahütte.

● **177** **Limospitze**/Cima di Limo, 2556 m

Südlich von Fanes- und Lavarellahütte erhebt sich dieser verhältnismäßig einfache Gipfel. Der eigentliche Anstieg vollzieht sich weglos, deshalb ist neben Trittsicherheit auch etwas Bergerfahrung notwendig.

Von der Faneshütte auf das Limojoch, 2172 m, und am darauf folgenden Limosee vorbei. Hier nach rechts abzweigen und weglos südwestwärts über Felsbänder empor. Einer Felsrippe folgt man bis zu einem Absatz. Nun etwas flacher dem Gipfelaufbau zu und über Felsrippen zum Gipfel. 2 st von der Faneshütte.

● **178** **Fanesburg**/Castello di Fanes, 2657 m

Eine im Vergleich zu den anderen Gipfeln der Fanesalpe eher unbedeutende Erhebung östlich der Zehnerspitze, interessant jedoch wegen des bereits vor R 159 erwähnten Ringwalles an ihrer Nordseite. Sein Entdecker, der Südtiroler Alpinarchäologe Ing. Innerebner, vermutet eine vorgeschichtliche Fluchtstätte.

Von der Lavarellahütte wie bei R 172 auf Bez. 7 etwa ¾ st aufsteigen, bis man nördlich, rechts von der Zehnerspitze, den dunklen Berg sieht. Nun weglos über die Karrenfelder nach rechts, nordwestwärts, in Richtung eines Sattels hinauf, dann nordseitig etwas hinab zur Fanesburg. 2 st, unschwierige Wanderung.

● **179** **Antonispitze**/Monte Sella di Fanes, 2656 m

Nordwärts der beiden Hütten von Fanes; lohnende Wanderung. Die Wände und Schutthänge des Berges erscheinen teilweise glühendrot gefärbt. Neben schönen Blicken auf Fanes- und Sennesalpe auch gute Fernsicht, die durch die höheren Gipfel westlich des Berges kaum beeinträchtigt wird.

● **180** Von der **Fanes-** bzw. **Lavarellahütte** nordwärts auf Bez. 13, später nordwestwärts hinauf über Felsrippen und Wiesen zu einer Schuttreise. An ihrer rechten Seite in das St.-Antoni-Jöchl (Fanesjöchl), 2466 m. Von hier auf dem unschwierigen SW-Grat über Geröll und grasdurchsetzte Schrofen oder südlich des Grates auf Steigspuren zum Gipfel. 3 st.

● **181** **Von Wengen,** R 92, wie bei R 164 in das Antonijöchl und weiter wie bei R 180. Von Wengen 4 st.

● **182** **Pareispitze**/Col Becchei di Sopra, 2794 m

Östlich der Faneshütten aufragend, bietet dieser leicht ersteigbare Berg neben wilden Tiefblicken eine prachtvolle Rundschau, vor allem auf die Hohe Gaisl, die Tofanen, Marmolata und Sella. Nach N steil abfallend, von S her jedoch gut zugänglich.

Von der Faneshütte auf das Limojoch und hinab zum kleinen, tiefgrünen Limosee. An seinem Südufer beginnt ein bez. Steig, der ostwärts in Kehren auf eine Almfläche führt. In gleicher Richtung weiter, bis sie in ein Schuttkar abbricht. Hier nordwärts steil empor zum Westgrat, den man bei einer kleinen Gratscharte erreicht. Auf dem Grat in Kürze zum Gipfel. 2 st.

● **183** **Monte del Vallon Bianco,** 2688 m

Südöstlich der Faneshütte bzw. der Großen Fanesalm. Von der Pareispitze durch das Fanestal getrennt, ist es der nördlichste Gipfel des Kammes, der nach S zieht und in der Travenanzesscharte nördlich vom Falzaregopaß endet. Wegebauten aus dem Gebirgskrieg 1915/17 wurden in den letzten Jahren wieder hergestellt bzw. miteinander verbunden; die Anlage erhielt den Namen **„Friedensweg“.** Sie hat an manchen Stellen den Charakter eines Klettersteiges. Bergerfahrung ist daher notwendig.

● **184** Von der **Faneshütte** südwärts auf dem Dolomiten-Höhenweg 1, der nach der Großen Fanesalm vom Karrenweg zum Tagedajoch links (Bez. VB 17) abzweigt. Auf dieser Bez. weiter, bis man sie auf einem alten Kriegsweg nach links, ostwärts, verläßt. Dieser führt zunächst in bequemen Kehren durch lichten Zirbenwald aufwärts, dann unter einem Ausläufer der Fuorcla-Rossa-Spitzen vorbei, quert das große Kar Vallone del Fosso und steigt anschließend über gutgestuften Fels in kurzen Kehren steil aufwärts. Knapp unter einer Quelle zweigt rechts ein Steig (Bez. „FR, nur für Geübte“) ab, der jedoch nicht begangen wird. Man bleibt auf Bez. VB. bis man eine markante Wegteilung erreicht (rechts zum Biwak Baccon/Baborka, 4 Schlafplätze, keine Decken, kein Wasser). Hier scharf nach links zu den ersten Seilsicherungen und zu einem kurzen Brettersteig, der in einer Scharte mit Kriegsresten endet. Kurz nach ihr über eine kühne Pionierbrücke von 1916, die im Zuge des neuen Wegebaues in schwieriger Arbeit rekonstruiert wurde. Anschließend über Brettersteige und mit Seilsicherungen zum Gipfel, auf dem eine Kriegsbaracke als Wetterschutz wieder instandgesetzt wurde. Unterhalb des Gipfels die Reste einer Batteriestellung. 3½ st von der Faneshütte.

● **185** **Monte Casale,** 2894 m, und **Monte Cavallo,** 2912 m

Zwei Gipfel im Bereich des Dolomiten-Höhenweges 1, der, von der Faneshütte kommend, über die hochgelegene Casalescharte (Forcella Casale) in das Travenanzestal hinabführt. Sehr lohnend, doch ein gewisses Maß an Bergerfahrung voraussetzend.

● **186** Von der **Faneshütte** wie bei R 184 auf dem Dolomiten-Höhenweg 1 südwärts, dann aber nach der Abzweigung vom Karrenweg bei der zweiten Abzweigung nicht nach links, sondern rechts, südostwärts, im Vallon Bianco unter den Ostwänden der Campestrinspitzen aufwärts. Später nach O zur Westseite des Kammes und zu dem vom Monte Castello herabziehenden Geröllfeld. Auf ihm in Kehren zum Kamm hinauf, der Reste des Gebirgskrieges 1915/17 aufweist. Der gut angelegte Steig führt an der rechten Kammseite in die Casalescharte, 2850 m, wobei der Gipfel des Monte Casale überschritten wird. Von der Scharte über eine Holzbrücke, dann in einigen Kehren auf einem ausgesprengten Kriegsweg in wenigen Minuten auf den Gipfel des Monte Cavallo. 4 st von der Faneshütte.

● **187** **Südliche Furcia Rossa,** 2806 m (Klettersteig)

Dieser erst vor kurzer Zeit angelegte Klettersteig weist einige Leiteranlagen auf, die sehr ausgesetzt und teilweise überhängend sind. Ausreichende Klettersteig-Erfahrung ist also dringend notwendig!

● **188** Von der **Faneshütte** wie bei R 184 bis zur Abzweigung der Bez. „FR, nur für Geübte", Auf dieser Route begeht man zunächst ein teilweise überdachtes Felsband bis zu einer Scharte mit Überresten von Kriegsbauten. Dann folgen die ausgesetzten und leicht überhängenden Leitern, zuletzt erreicht man über Schutt den Gipfel. 3½ st von der Faneshütte.

Abstieg auch nach S über Leitern zum Wandfuß und wieder ansteigend zum großen Biwak „ Della Pace/Monte Castello", R 166, und durch das Vallon Bianco zur Faneshütte zurück.

● **189—192** frei für Ergänzungen.

Fanisturm und Südliche Fanisspitze vom Monte Cavallo.
Foto Rolf Höfler

3. Berge um den Falzaregopaß

Eigentlich gehören die nachstehend beschriebenen vier Bergziele nicht mehr zu den das Hochabteital einrahmenden Gruppen. Aber die gut ausgebaute Straße von St. Kassian über das Valparolajoch zum Falzaregopaß ermöglicht Tagestouren in diesem Gebiet von allen Orten des Hochabteitales aus.

Zwar ist die breite Paßhöhe selbst nicht sehr reizvoll, ihre alpine Umgebung jedoch großartig, vor allem die Südwand des Kleinen Lagazuoi mit den von Minensprenungen herrührenden Schuttmassen am Wandfuß. Die ganze engere und weitere Umgebung des Passes war im ersten Weltkrieg heißumstrittenes Kampfgebiet, und in keinem anderen Abschnitt der Hochgebirgsfront, die sich vom Ortler bis zu den Sextener Dolomiten, von ganz wenigen Ausnahmen abgesehen, immer in Höhen zwischen zwei- und dreitausend Metern hinzog, sind deren Überreste — Unterstände, Stellungsbauten, Schützengräben, Kavernen, Stollen usw. — so zahlreich wie hier. Im Rahmen dieses kleinen Führers kann auf Einzelheiten kaum eingegangen werden, im Literaturverzeichnis ist auf die einschlägigen Werke von Dr. Gunther Langes und Heinz von Lichem hingewiesen.

● 193 **Hexenstein**/Sasso di Stria, 2477 m

Der unmittelbar westlich vom Falzaregopaß emporragende Gipfel war im ersten Weltkrieg in Verbindung mit dem Sperrfort Tra i Sassi ein starker österreichischer Stützpunkt. Vor dem Begehen der verfallenen Stollen und Kavernen wird dringend gewarnt! Kurze, lohnende Bergfahrt, hervorragende Aussicht.

● 194 Von dem gesprengten Sperrfort am **Valparolajoch**, R 108, auf bez. Steig in der Nordwestflanke bis unter den Gipfelaufbau. Über einen steilen Felsabsatz zu einer schmalen Spalte. Durch sie über zwei kurze Leitern in einigen Minuten zum Gipfelkreuz. 1¼ st von der Paßhöhe, für den Schluß etwas Trittsicherheit notwendig.

● 195 **Kleiner Lagazuoi,** 2778 m

Großartiger, seilbahnerschlossener Aussichtsberg nördlich des Falzaregopasses, zu diesem mit steilen Wänden abbrechend. Talstation direkt am Paß, Bergstation auf 2728 m.

● 196 Vom **Falzaregopaß** zu Fuß: Von der Talstation auf Bez. 402 mäßig steil nordostwärts in Richtung Travenanzesscharte aufwärts, jedoch schon vorher bei einer Abzweigung nach links empor in die Lagazuoischarte, 2571 m. Von dieser auf Bez. 20 südwestwärts zum **Rif. Lagazuoi,** 2752 m (privat, 12 B., im Sommer bew.), über der Seilbahn-Bergstation, und zum Gipfel. 2 st vom Falzaregopaß, unschwierig.

● **197** Abstieg durch den italienischen **Sprengstollen** von 1917, der vor wenigen Jahren wieder gangbar gemacht wurde. Trotz vorhandener Stufen und Drahtseilsicherungen ist Trittsicherheit notwendig (bei Vereisung nicht zu empfehlen). Statt der in der Bergstation käuflichen Fackeln sollte man besser eine Stirnlampe verwenden.

Bei der Bergstation beginnt der mit „G" bez. Steig. Auf ihm in 10 Min. zum Stolleneingang. Im Innern des Berges, vorbei an einigen Stollenfenstern, 350 Höhenmeter abwärts zum Stollenausgang im unteren Drittel der Wand bei der Cengia Martini. Auf Bez. „G" weiter abwärts, bis nach Querung einer Schlucht bald darauf die Bez. 402 (Weg zur Travenanzesscharte, R 196) erreicht wird. Auf ihr zum Falzaregopaß hinunter. 1½ st für den ganzen Abstieg.

● **198** **Nuvolau,** 2575 m

Der Besuch dieses Gipfels wird für jeden Bergwanderer, der das Glück hatte, ihn bei guten Sichtverhältnissen zu betreten, unvergeßlich sein. Der Nuvolau scheint tatsächlich im Mittelpunkt der Dolomiten zu stehen, so umfassend ist die Aussicht von ihm. Auch die Hütte auf seinem Gipfel ist nicht zu verachten.

● **199** Vom **Falzaregopaß** auf Bez. 441 nach SO in langsamer Steigung in die Forc. Gallina, 2435 m, zwischen Pta. Gallina rechts und Averau links. Die folgende kurze Querung unterhalb des letzteren führt in die Forc. Nuvolau, 2416 m, zu der von den Cinque Torri ein breiter Weg heraufkommt. Auf ihm mäßig steil über den schrofigen NW-Rücken zum Gipfel mit dem Rif. Nuvolau, CAI, 16 B., 9 M., bew. von Anfang Juni bis Anfang Oktober. 3 st vom Falzaregopaß.

● **200** Von der Bergstation des **Cinque-Torri-Sessellifts,** 2225 m (Talstation bei km 110 der Großen Dolomitenstraße Richtung Cortina) ist der breite Aufstiegsweg gut einzusehen, der in 1½ st zum Gipfel führt.

● **201** Vom **Giaupaß,** R 110, führt ein gesicherter Steig (Bez. 438) zuerst nordwärts durch Wiesen in die steile Ostflanke des Mte. Gusela und am SO-Grat des Nuvolau zum Gipfel. Nur für Geübte und Schwindelfreie! 1½ st.

● 202 **Col di Lana,** 2462 m

An vielen Stellen der Hochgebirgsfront in den Dolomiten versuchte die militärische Führung Italiens den Durchbruch in das Pustertal, am verbissensten aber am Col di Lana. Bereits im Juni 1915 begannen die Angriffe, die im Herbst und Winter fast ununterbrochen fortgesetzt wurden. Wegen der außerordentlich schweren Verluste erhielt er von den Italienern später den Namen „Col di Sangre" (Blutberg). Nach vielen vergeblichen, durch starkes Trommelfeuer unterstützten Angriffen wurde in der Nacht vom 17. auf 18. April 1916 der Westgipfel samt seiner Besatzung mit 5 Tonnen Dynamit in die Luft gesprengt. Die österreichische Front wurde zum Monte Sief zurückverlegt, der trotz einer Sprengung am 6. März 1917 gehalten werden konnte. Erst die durch den Durchbruch bei Flitsch und Tolmein im Oktober 1917 verursachte Räumung der ganzen Dolomitenfront seitens der Italiener beendete die bis dahin mit großer Heftigkeit fortgeführten Kämpfe.

● 203 Vom **Valparolajoch,** R 108, auf Bez. 23 südwestwärts unter den Felsen des M. Castello und des Settsass in den Siefsattel, 2209 m (1½ st vom Joch). Hier links, südwärts, auf dem mit 21 bez. Weg, der über den Grat (Trittsicherheit und Bergerfahrung notwendig) auf den Gipfel des **Monte Sief,** 2425 m, und weiter zum Col di Lana führt. Den für Ungeübte schwierigen Gratweg kann man mit etwas mehr Zeitaufwand vermeiden, indem man vom Siefsattel südostwärts etwas in die Mulde absteigt und in ihr südwärts unterhalb des Grates weitergeht. Zum Schluß von N her auf den Gipfel. Gipfelkapelle zum Andenken an die Opfer des 17. April 1916. 3 st vom Valparolajoch.

● 204 Von **Pieve di Livinallongo**/Buchenstein, R 15. Bei km 93 der Großen Dolomitenstraße zweigt ein Fahrweg ab, der mit mehreren Serpentinen die Südflanke des Col di Lana überwindet und auf dem Plan della Lasta, 1850 m, endet (bis hierher auch mit krätigem Kleinwagen, Höchststeigung 12%, keine Ausweichen, Breite im oberen Teil nur 2 m). Dann auf bez. Weg nordwärts auf den Gipfel mit seiner schönen Aussicht, deren Glanzpunkte Civetta, Pelmo und Marmolata sind. 3 st von Pieve di Livinallongo.

● 205 Vom **Rif. Pralongia,** R 43, auf Bez. 23 nach SO Richtung Settsass in den Siefsattel, 2209 m. Weiter wie R 203. 3½ st.

● 206—208 frei für Ergänzungen.

Die Gedächtniskapelle am Col di Lana, im Hintergrund die Civetta. Foto Rolf Höfler

4. Der Peitlerkofel

Als echter Einzelgänger hält dieser hervorragende Aussichtsberg ziemlichen Abstand zu seinen Nachbarn, deren Gipfel sich, wie in der Geisler- und Puezgruppe südlich, eng zusammenschließen. Dieser echte Dolomitenberg baut sich in der Nordwestecke der ganzen Gruppe zu beachtlicher Höhe auf. Sein Gipfel, aus Schlerndolomit bestehend, ist über einen gesicherten Steig in unterhaltsamer Kletterei auch für den geübten Bergwanderer zugänglich.

Im Gegensatz zu anderen Teilen des Hochabteitales ist seine Umgebung verkehrsmäßig noch wenig erschlossen, wenn auch mit der Brixener Dolomitenstraße, R 111, ein hochgelegener Ausgangspunkt, nämlich das Würzjoch, 2006 m, mit dem Kfz erreicht werden kann. Die Anmarschwege zu Fuß sind etwas länger als sonst üblich, der Besuch durch Bergwanderer daher nicht so groß wie etwa in der Sella. Das hat andererseits den Vorteil, daß sich die Umgebung des Peitlerkofels noch weitgehend als urwüchsiges ladinisches Bauernland mit kleinen Dörfern und Einzelhöfen darbietet.

Mit der Schlüterhütte ist ein ausgezeichneter Stützpunkt vorhanden, der von allen Himmelsrichtungen her erreicht werden kann. Plant man eine Übernachtung ein, so ist die Besteigung des Peitlerkofels eine sehr lohnende und dabei nicht sehr anstrengende Unternehmung.

● 209 **Schlüterhütte** / Rif. Genova, 2301 m

Die stattliche Hütte, 1898 auf Kosten des Dresdners Franz Schlüter erbaut, liegt 5 Min. westlich unter dem Kreuzkofeljoch, 2344 m. Sie wird auch Peitlerkofelhütte genannt, ist im Besitz des CAI, hat 50 B., 20 M., und ist von Ende Juni bis Anfang Oktober bew. Von der Hütte schöner Blick nach W zum Ortler, zur Adamello- und Brentagruppe; vom Kreuzkofeljoch in das grüne Tal vom Campill, R 89.

● 210 Vom **Würzjoch,** R 111 (nördlich davon die private **Würzjochhütte,** 2020 m, 24 B., bew. von Juni bis Oktober), auf Bez. 8 A vom Parkplatz südwärts hinauf zu den Kompatschwiesen, auf diesen nach SW, dann wieder südwärts, bis man beim Schartenbach auf den Dolomiten-Höhenweg 2 (rotes Dreieck) bzw. alte Nr. 4 stößt,

Im einsamen Campilltal, aus dem ein Aufstieg zur Schlüterhütte führt.
Foto Rolf Höfler

der vom Kofeljoch (Halsl) herkommt. Nun steiler durch das Schartenbach-Tälchen in eine Geröllschlucht, die in die Peitlerscharte, 2361 m, hinaufführt (Ausgangspunkt des Gipfelsteiges R 213 zum Peitlerkofel). Vom Würzjoch 1½ st.

Von der Scharte auf gleicher Bez. südwärts durch Wiesenhänge zum Kreuzkofeljoch, 2344 m, und rechts zur Hütte, ½ st von der Peitlerscharte.

● **211** Von **Campill,** R 89, auf dem Sträßchen einige Minuten talein zur Abzweigung von Bez. 4 halbrechts in das enge Seresbachtal. In diesem in Bachnähe aufwärts, nach ½ st eine Weggabel: rechts zur Peitlerscharte, links auf Bez. 4 schmal und steinig zum Kreuzkofeljoch und zur Schlüterhütte. 2½ st von Campill.

● **212** Zur **Puezhütte,** R 224, auf dem Dolomiten-Höhenweg 2. Langer, aber landschaftlich sehr abwechslungsreicher Übergang in die Puezgruppe, neben Ausdauer auch Bergerfahrung fordernd.

Von der Schlüterhütte in 5 Min. ostwärts in das Kreuzkofeljoch und rechts über einen Rasenrücken durch die Ostflanke des Bronsoi in das Bronsoijoch. Links etwas steil am Sobutsch vorbei in das Kreuzjoch. Südwärts weiter in eine tiefer gelegene Scharte und in der Ostflanke des Wasserkofels wieder etwas abwärts, dann im großen Kar des Wasserkofels hinauf zu einer markanten Schulter. Etwas später zweigt nach rechts Bez. 13 (zur Wasserscharte) ab. Südwärts im Kar hinauf, bis sich unmittelbar unter den Felsen der Weg nach links in eine steile Geröllrinne (bis in den Frühsommer Schnee) wendet. Zuerst an ihrer linken Begrenzung in Kehren hinauf, bei einem Felszacken nach rechts und in der Rinne empor in die Forcella della Roa, 2616 m, 1¾ st vom Kreuzjoch.

(Eine Variante des Dolomiten-Höhenweges 2, die knapp südlich der Forcella links abzweigt, ist nur für Geübte bei sicheren Verhältnissen!)

Jenseits steil hinab in das Geröllkar Val della Roa und südwärts zur Wegteilung: Rechts, Bez. 3, zur Regensburger Hütte, links, südwärts, in die Forcella Forces de Sielles, 2512 m, und weiter wie R 232. 6 st von der Schlüterhütte.

● **213** **Peitlerkofel,** 2874 m, **Gipfelanstieg**

Die Nord- und Westwand des Berges bleibt guten Kletterern, die den Schwierigkeitsgrad IV bis VI beherrschen, vorbehalten. Der

Normalanstieg, drahtseilgesichert, setzt trotzdem Trittsicherheit und Schwindelfreiheit voraus, er benützt die Südflanke.

Von der Schlüterhütte 5 Min. hinauf in das Kreuzkofeljoch. Hier nach links auf dem Dolomiten-Höhenweg 2 in Richtung Peitlerkofel nordwärts fast eben in die Peitlerscharte, 2361 m. Von ihr den Hang schräg empor in eine große Mulde (zuerst steiler Rasen, dann unschwierige Felsen) und in Kehren aufwärts. Nach ½ st Wegteilung: rechts steil in leichter Felskletterei, links weniger schwierig, aber länger, empor, bis sich beide Wege wieder treffen, und in die Scharte zwischen dem Kleinen und Großen Peitlerkofel, wo die Drahtseilsicherungen beginnen. Auf dem felsigen Südgrat in unterhaltsamer Kletterei (eine kurze Stelle ohne Sicherung fordert Aufmerksamkeit) hinauf zum Ende der Drahtseile, dann auf den schuttbedeckten Gipfel mit Eisenkreuz. 1 st von der Peitlerscharte, 2 st von der Schlüterhütte.

Die Aussicht ist nach allen Seiten großartig, besonders bestechend ist der Blick nach S zu den Nordabstürzen der Geislergruppe, im W sind bei klarer Sicht die Hochgipfel der Schweiz erkennbar, im S erheben sich Langkofel-, Sella- und Puezgruppe, im O Seekofel, Heiligkreuzkofel und Fanesgruppe.

Gegenüber dem beherrschenden Hauptgipfel spielen die weiteren Gipfel der kleinen Peitlerkofelgruppe nur eine untergeordnete Rolle. Einigermaßen bemerkenswert sind die Aferer Geiseln westlich der Peitlerscharte, die der

● **214 Günther-Messner-Steig** umkreist. Dieser Rundweg ist dem Andenken des Villnösser Bergsteigers Günther Messner gewidmet, der im Juli 1970 mit seinem Bruder Reinhold den Nanga Parbat bestiegen hatte und beim Abstieg tödlich verunglückte.

Der Weg ist zwar bereits mit roten Punkten und den Buchstaben GM markiert, aber die notwendigen Sicherungen werden erst im Lauf der nächsten Jahre angebracht (Auskunft bei der Sektion Villnöß des AVS über den jeweiligen Stand der Arbeiten einholen!). Der Steig führt in Höhen bis über 2600 m und wechselt mehrmals von der Süd- auf die Nordseite über, wobei in den Nordseiten der Scharten Hartschneereste gefährlich werden können. Aus diesem Grund wurde auf die Beschreibung des Weges (Gesamtgehzeit etwa 10 st) vorläufig verzichtet. Ausgangspunkte sind im NW das Russikreuz an der Brixener Dolomitenstraße, R 111, im O die Peitlerscharte, R 213.

Drei Hüttenmugel können von der Schlüterhütte aus mit ganz geringem Zeitaufwand bestiegen werden (lohnende Aussichtspunkte):

● **215** **Bronsoi,** 2399 m

Begrünter, botanisch interessanter Hügel südlich der Hütte, ¼ st.

● **216** **Sobutsch,** 2466 m

Vom Kreuzkofeljoch südwärts in das Bronsoijoch, dann links über Schrofen (Versteinerungen) zum höchsten Punkt. ½ st.

● **217** **Zendleser Kofel,** 2423 m

Von der Hütte nach NW über den Wiesenhang weglos hinauf. ¼ st.

● **218—220** frei für Ergänzungen.

Puez- und Geislergruppe

Dieses umfangreiche Massiv, alpingeographisch nur durch die hochgelegene Forcella della Roa, 2616 m, voneinander getrennt, weist durch die Vielfalt der geologischen Formationen einen sehr starken Kontrast seiner Formen auf. Das graue, ernste Hochplateau von Puez und die heiteren grünen Matten der Tschisles-Alpe unter den Geislerspitzen — es sind zwei völlig verschiedene Welten, obwohl die Luftlinien-Entfernung nur etwa 6 km beträgt.

Günstig gelegene Stützpunkte sind durch ein dichtes Netz von markierten Wegen miteinander verbunden. So ergeben sich interessante Kombinationen an Übergängen und Rundwanderungen, und trotz der auf den ersten Blick abweisenden Form der Gipfel hat auch der bescheidene Bergwanderer, sofern er etwas Übung mitbringt, die Auswahl zwischen einem Dutzend davon.

Das Gebiet steht neuerdings unter Naturschutz, die offizielle Bezeichnung lautet „Parco Naturale Puez — Odle" (Naturpark Puez — Geisler).

a) Hütten, Hüttenwege und Übergänge

● **221** **Gardenazzahütte**/Rif. Gardenaccia, 2046 m

Private Hütte am Ostrand der Puezgruppe, 25 B., bew. von Ende Juni bis Ende Oktober.

Vom Col di Lana bietet sich ein guter Überblick über die ganze Puezgruppe. Deutlich ist links von der markanten Felsgestalt des Sass Songher das Edelweißtal erkennbar, das zum Ciampaisee und weiter zur Forcella Ciampai hinaufzieht. Foto Rolf Höfler

● **222** Von **Stern/La Villa,** R 36, westwärts auf dem mit 11 bez. Weg zur Hütte. Bester und kürzester Zugang, 1½ st.

● **223** Zur **Puezhütte,** R 224, auf Bez. 15 westwärts hinauf in das Gardenazzajoch, 2543 m, und nordwestwärts zur Puezhütte. 2½ st.

● **224** **Puezhütte**/Rif. del Puez, 2475 m

Im Mittelpunkt der Puezgruppe auf einer Geländestufe hoch über dem nach Wolkenstein hinausziehenden Langental gelegen. CAI, 9 B., 6 M., bew. von Ende Juni bis Ende September.

● **225** Von **Colfuschg,** R 64, wie bei R 67 zum Ciampaisee. In gleicher Richtung weiter hinauf in die Forc. Ciampai, 2388 m, wo man auf die Bez. 2,4 und das Dreieck des Dolomiten-Wanderwegs 2 trifft. Auf ihr nach N weiter. Von rechts mündet Bez. 15 (von der Gardenazzahütte her) ein. Nun nordwestwärts zur Puezhütte. 2½ st von Colfuschg.

● **226** Vom **Grödner Joch,** R 107, nordwärts in 1 st in das Tschierjoch, 2466 m, hinauf, nordseitig hinab in den Schluß des Kedultals und hinauf in das Crespeinajoch, 2528 m. Jenseits steil auf die Crespeina-Hochfläche hinab, am kleinen grünen Crespeinasee vorbei über die teils verkarstete, teils grüne Hochfläche in die Forc. Ciampai (Tschiampatschjoch), 2388 m. Zur Puezhütte weiter wie bei R 225. 3 st vom Grödner Joch.

● **227** Zur **Geislerhütte,** R 230, auf Bez. 2 großenteils beinahe eben, nur von einigen Steilstücken unterbrochen, über die Hochfläche in allgemein westlicher Richtung. Abzweigungen nach links (Nr. 4, ins Langental) und rechts (Höhenweg-Variante zum Piz Duleda) bleiben unbeachtet. Der Weg biegt später links, südwärts um und führt steil hinauf zu einem felsigen Grat, der zwar seilgesichert ist, aber doch Aufmerksamkeit und Trittsicherheit erfordert (eine einzige etwas schwierige Stelle). Bald ist die Siellesscharte (Forc. Forces de Sielles), 2512 m, erreicht. Jenseits, immer auf Bez. 2 bleibend, einen zuerst steilen, dann flacher werdenden Schutthang hinab. Unterwegs kommt von rechts Bez. 3 (von der Forcella della Roa) hinzu, und durch das schuttbedeckte Tschislestal gelangt man zur Geislerhütte. 3¼ st von der Puezhütte.

● **228** Zur **Schlüterhütte,** R 209, auf dem Dolomiten-Höhenweg 2. Langer, aber landschaftlich sehr abwechslungsreicher Übergang, neben Ausdauer auch Bergerfahrung erfordernd. Im Frühsommer ist beim Abstieg durch die steile Rinne nördlich der Forc. Roa, 2616 m, ein Pickel sehr nützlich.

Von der Puezhütte wie R 237 westwärts in die Forc. Forces de Sielles, 2512 m, wo von W ein Weg von der Geislerhütte heraufkommt. Rechts, nordwärts, zuerst flacher, dann sehr steil im Geröllkar des Val della Roa hinauf in die Forc. Roa, 2616 m, und nordseitig durch eine Rinne (im Frühsommer Schnee) steil hinunter und nordwärts weiter. Von links mündet Bez. 13 von der Wasserscharte her ein. Über eine markante Schulter in das große Kar unterhalb des Wasserkofels in die Scharte 2239 m und zum Kreuzjoch, 2294 m. Etwas oberhalb, unterhalb des Medalges, 2450 m, rechts, ostwärts umbiegen und leicht ansteigend auf den Rücken des Sobutsch, 2466 m, mit lohnendem Rückblick und nach N zum Peitlerkofel. Hinab zum Bronsoijoch und in der Ostflanke des Bronsoi, 2399 m, nordwärts zum Kreuzkofeljoch, 2344 m, worauf nach kurzem Abstieg nach links die Schlüterhütte erreicht wird. 5 st von der Puezhütte.

● **229** Zur **Gardenazzahütte,** R 221, auf Bez. 15 südostwärts zum Gardenazzajoch, 2543 m, und ostwärts hinab zur Hütte. 1¾ st.

Eine weitere Übergangsmöglichkeit besteht in Verbindung mit dem Ciampani, 2670 m (R 250).

● **230** **Geislerhütte (Regensburger Hütte) /** Rif. Firenze in Cisles, 2039 m

In landschaftlich herrlicher Lage südlich der Fermedatürme auf der Tschisles-Alpe. CAI, 52 B., 40 M., bew. von Anfang Juni bis Ende September. (Amtliche Bezeichnung Geislerhütte/Rif. Firenze in Cisles; in Karten, Führern und bei vielen deutschen Bergsteigern noch unter ihrem früheren Namen „Regensburger Hütte" genannt und bekannt.)

● **231** Kürzester Zugang von der Bergstation des Col-Raiser-Gondellifts, 2125 m (Talstation im Ortsteil Pramauron von St. Christina) auf Bez. 4 in 20 Min. zur schon von der Bergstation aus sichtbaren Hütte.

Fußweg von St. Christina: An der Talstation des Gondellifts vorbei immer am rauschenden Tschislesbach aufwärts (Bez. 1) durch parkähnliche Landschaft zur zirbenumgebenen Hütte. 1¾ st.

● **232** Zur **Puezhütte,** R 224, interessanter Übergang, mit Ausnahme einer kurzen Stelle ohne Schwierigkeiten. Von der Geislerhütte auf Bez. 2/3 nordostwärts das oberste Tschislestal hinauf, das hier nicht mehr den lieblichen Charakter des unteren Teiles hat, sondern mit Schutt bedeckt ist. Später biegt der Steig ostwärts um und steigt weiter an. Unterwegs zweigt Nr. 3 links ab, wir bleiben auf dem mit 2 bez. Puezweg, der nach 1½ st den Einschnitt der Siellesscharte erreicht.

Hier ist der Blick nach O über die graue, eigenartige Puez-Hochfläche frei, auf der sich der Weiterweg abwickelt. Der erste Abschnitt ist für alpine Neulinge etwas unangenehm: gleich von der Scharte weg beginnt ein felsiger Grat, der zwar seilgesichert ist, aber etwas Aufmerksamkeit erfordert. Nach seiner Überwindung bereitet der Weg keine besonderen Schwierigkeiten mehr, er quert, unterbrochen von einigen Steilstücken, die teilweise begrünte Hochfläche, die durchaus nicht so eintönig ist, wie es zuerst den Anschein hatte. Im N von den Puezspitzen begleitet, läuft der Weg ostwärts weiter, nimmt bei einem Knick nach S den Hüttenweg Nr. 4 auf und erreicht dann die Puezhütte. 3½ st von der Geislerhütte.

● **233** Zur **Schlüterhütte,** R 209, langer, aber landschaftlich interessanter Übergang, Ausdauer und Bergerfahrung erfordernd. Im Frühsommer nordseitig der Forc. Roa, 2616 m, Hartschnee, der die Mitnahme eines Pickels ratsam macht.

Von der Geislerhütte wie bei R 232 das Tschislestal aufwärts zur Abzweigung von Bez. 3. Links auf l3 nordostwärts weiter, zur Vereinigung mit dem Dolomiten-Höhenweg 2 vor dem steilen Anstieg zur Forc. Roa. Dann wie bei R 228 zur Schlüterhütte, 6 st von der Geislerhütte.

● **234** **Brogleshütte**/Rif. Brogles, 2045 m

Privates Berggasthaus auf der gleichnamigen Alm, mit großartigen Nahblicken auf die Nordabstürze der Geislergruppe. 24 B., bew. von Anfang Juni bis Mitte Oktober. Stützpunkt für den Adolf-Munkel-Weg zur Schlüterhütte, R 236.

● **235** Von der **Geislerhütte,** auf Bez. 1 westlich, später nordwestlich, über die blumenreiche Tschisles-Alm aufwärts, vorbei an einem kleinen Seeauge und der einfach bewirtschafteten Trojer-Alm, in die Panascharte zwischen der Seceda-Gipfelwiese und dem westlichsten Fermedaturm.

Nordseitig (jetzt Nr. 6) zuerst steil (bei Schneelage Vorsicht) in das Schuttkar hinab. Eine felsige kurze Stelle ist durch ein Drahtseil entschärft. Nach kurzer Gegensteigung wird die Brogleshütte erreicht. 2 st von der Geislerhütte.

● **236** Zur **Schlüterhütte** über den Adolf-Munkel-Weg (benannt nach dem Gründer der AV-Sektion Dresden, auf dessen Betreiben der schöne Höhenweg kurz nach 1900 gebaut wurde). Das Schaustück des Weges sind die drohenden Nordwände der Geislergruppe; Alpenrosen und Zirben kämpfen mit den Schuttfeldern am Fuß der Wände.

Der schönste Teil des Weges ist die Strecke Brogleshütte — St. Zeno, mit 35 bez., Zeitaufwand je nach Länge der Schaupausen 1½—2 st. Bei der Brücke über den St.-Zeno-Bach mündet der Weg in ein Sträßchen ein, das aus dem Villnösser Tal kommt und die Zufahrt zur Schlüterhütte ist. Auf ihm in 1 st über die Gampenalm zur Schlüterhütte.

Will man diese Straßenwanderung vermeiden, so geht man von der Einmündung des Weges in die Fahrstraße auf dieser bis zur zweiten Kehre, wo sie sich gabelt. Der rechte Ast führt zu einem Forsthaus, wo ein bez. Steig (ohne Nummer) beginnt, der in 1 st in das wenig ausgeprägte Kreuzjoch, 2294 m, hinaufführt. Hier hat man den Dolomiten-Höhenweg 2 bzw. Bez. 3 erreicht. Nun entweder nach NO zur Schlüterhütte (R 228 letzter Teil) oder nach S zur Puezhütte (R 212).

● **237—239** frei für Ergänzungen.

b) Gipfelanstiege in der Puez-Geislergruppe

● **240** **Sass Songher**, 2665 m

Von Colfuschg oder Corvara aus sieht dieser formschöne Dolomitengipfel sehr unnahbar aus. Aber seine dem Tal abgewandte Seite erlaubt eine unschwierige Besteigung auf markierter und an einigen Stellen seilgesicherter Steiganlage. Glanzpunkte der Aussicht sind die gegenüberliegende Sella und der Tiefblick in den grünen Talkessel.

● **241** Von **Colfuschg** wie bei R 67 zur Abzweigung von Bez. 7. Nun wird es interessanter: Nach rechts unter steilen, gelben Wänden über Gras und Geröll mühsam in die Sass-Songher-Scharte nordwestlich des Gipfels. Über den breiten Geröllhang zu den Gipfelfelsen und in Kehren (eine seilgesicherte Stelle) auf den geräumigen Gipfel. 3 st von Colfuschg.

● **242** Vom **Grödner Joch** können gute Geher auf dem schönen Wiesensteig R 71 „Rückweg" mit etwas Höhenverlust im Edelweißtal den Weg 4 zum Bildstock, 2026 m, treffen. Weiter wie bei R 241. 4 st.

● 243 Große Tschierspitze, 2592 m

Dieser sehr dankbare Gipfel ist der höchste Punkt der langen Zackenreihe, die das Grödner Joch nordwärts einrahmen. Er unterscheidet sich von den kleineren Türmen durch größere Wuchtigkeit. Trotzdem er etwas abweisend scheint, ist er durch gute Markierung und einige Drahtseile verhältnismäßig leicht erreichbar. Trittsicherheit ist allerdings notwendig.

Die Aussicht ist überraschend weitreichend: auch entferntere Dolomitengruppen wie Tofanen und Civetta sind sichtbar, im Norden steht die Zentralalpenkette von den Ötztalern bis zur Venedigergruppe, im Süden und Westen Brenta, Adamello und Ortler.

● 244 Vom **Grödner Joch,** R 107, zuerst nordwärts auf dem zum Tschierjoch führenden Weg durch die wegen ihrer reichhaltigen Flora berühmten Almwiesen. Man bleibt bei einer Weggabel links und verläßt bei einer weiteren Weggabel diesen nach links auf einem gut markierten Steig, der über Geröll steil in eine Schlucht führt. In ihr aufwärts, bis sich der Steig nach rechts wendet. Mit Hilfe von Drahtseilen über die Schlüsselstelle, ein ausgesetztes plattiges Band hinweg. Für ängstliche Gemüter: die Stelle ist leichter, als sie aussieht.

Nun der roten Markierung entlang in Kehren über kleine Felsabsätze und Schrofen auf die nur noch wenig geneigte Gipfelplatte und auf dem Westgrat zum höchsten Punkt. Vom Grödner Joch 1½ st. Beim Abstieg achte man gut auf die Markierung!

● 245 Sass Ciampatsch, 2672 m, und **Sass Ciampai,** 2654 m

Zwei Gipfelpunkte am Südrand der Hochfläche, gegen Colfuschg und die Straße zum Grödner Joch in steilen Wänden abfallend. Vom Weg R 226 nach dem Crespeinajoch über die wellige, verkarstete Hochfläche leicht ansteigend über Schutt weglos ohne Schwierigkeiten ostwärts zu erreichen. 1 st.

● 246 Col Turond, 2651 m

Ebenfalls ein lohnender Gipfel, den man „im Vorbeigehen“ mitnehmen kann. Beim Crespeinajoch, R 226, vom Dolomiten-Höhenweg 2 weglos rechs, südwärts, ab und über Schutt- und Schrofenhänge auf den Gipfel. ¾ st.

Der Sass Songher, von Süden sehr abweisend, ist auf gutem Steig von Nordwesten her zu betreten. Foto Willi End

● 247 **Puezkofel,** 2723 m, und **Puezspitzen** (Östliche 2913 m, Westliche 2918 m)

Diese völlig undolomitischen Sand- und Schuttberge sind von der Puezhütte aus in 1½ st über die südseitigen Geröllhänge weglos zu besteigen. Trittsicherheit ist notwendig.

● 248 **Piz Duleda,** 2908 m

Dieser westlichste Gipfel der Puezspitzen ist von einer Variante des Dolomiten-Höhenweges 2, welche die südwärts verlaufende Schleife zur Forc. Forces de Sielles abkürzt, zu besteigen.

● 249 Von der **Puezhütte** westwärts auf dem Dolomiten-Höhenweg 2 über die Puezalpe, bis halbrechts die bez. Variante abzweigt. In die flache Mulde des Niveasattels, 2740 m, und nach N über Schutt und Schrofen auf den Gipfel. 2 st von der Puezhütte, für Geübte unschwierig.

Die Fortsetzung der Variante zur Forc. della Roa, mit Seilsicherungen versehen, führt in eine meist schneegefüllte steile Schlucht hinab. Nur für trittsichere und schwindelfreie, geübte Bergwanderer!

● 250 **Ciampani,** 2670 m

Dieser im NO der Puezhütte liegende Gipfel ist die höchste Erhebung der Gardenazzahochfläche, die ostwärts mit steilen Wänden in das Gadertal abbricht. Hervorragender Aussichtspunkt. Die Abstiege nach Pedratsches und über die Gardenazzahütte nach Stern/La Villa sind etwas für Liebhaber einsamer Bergpfade.

● 251 Von der **Puezhütte** auf Bez. 11 über die wellige Hochfläche nach NO auf den Ciampanigipfel, 1 st. Wer nicht zur Puezhütte zurück will, hat zwei Abstiegsmöglichkeiten in das Abteital:

● 252 Zur Gardenazzahütte, R 221, südostwärts auf Bez. 11 in 1¼ st, dann auf gleicher Nr. den Hüttenweg hinab nach **Stern/La Villa.** Von der Puezhütte 3 st.

● 253 Nach **Pedratsches,** R 21, führt vom Gipfel ein mit 1 bez. Pfad (Bergerfahrung notwendig) nordostwärts und ostwärts über die Gardenazzahochfläche zu ihrem Abfall in das Gadertal. Der Abstieg durch eine steile Schlucht ist durch Drahtseile entschärft, fordert aber Vorsicht. Dann durch schönen Bergwald nach Pedratsches. Von der Puezhütte 3 st.

• 254 **Col da la Pieres,** 2759 m

Weniger besuchter Gipfel, der aber eine schöne Rundsicht bietet. Vom Verbindungsweg Puez-Geislerhütte aus mit kurzem Mehraufwand an Zeit erreichbar.

• 255 Von der **Puezhütte** wie bei R 227 in die Siellesscharte (Forc. Forces de Sielles), 2512 m, 2¼ st von der Puezhütte. Von der Scharte südwestwärts über waagrecht gestufte Schrofen hinauf zum Gipfel, ½ st.

• 256 Von der **Geislerhütte** wie bei R 232 in die **Siellesscharte** und wie bei R 255 auf den Gipfel. 2½ st von der Geislerhütte.

• 257 Von der **Geislerhütte** über die **Pizzascharte.** Hübscher Aufstieg für trittsichere Wanderer. Von der Geislerhütte kurzer Abstieg auf dem Hüttenweg, dann nach links über den Tschislesbach. Der nur teilweise markierte, aber überall deutlich erkennbare Steig hat als erstes Ziel die bereits von der Hütte aus sichtbare Pizzascharte, 2491 m. Er windet sich durch Zirben und Latschen hinauf, später über Geröll, an der Pizzanadel vorbei in die Scharte (1 st von der Hütte). Nun nach links knapp unterhalb des Kammes an der Südseite entlang, dann allmählich im weiten Bogen unter der Montischella zum Gipfelaufbau des Col de la Pieres. Stellenweise seilgesichert führt der Steig zuerst auf ein Band und dann über Schutt und Schrofen auf die schräge, auffallend große Gipfelfläche. Von der Hütte 2 st.

Abstieg nordostwärts auf Steigspuren über waagrecht geschichteten Fels und Geröll in die Siellesscharte, 2512 m.

• 258 **Seceda,** 2519 m

Der durch eine große Seilbahn erschlossene Berg hat zwei gänzlich verschiedene Gesichter: Nach W und N steile, drohende Abstürze, die wegen ihrer Brüchigkeit auch für Kletterer reizlos sind — nach O und S die sanften, grünen Hänge der Aschgler Alm mit ihren braunen Heuhütten und malerischen Zirben vor der großartigen Felskulisse des Langkofels.

Südlich unterhalb des Gipfels die Bergstation der Seilbahn von St. Ulrich mit Hotel und Selbstbedienungsrestaurant.

Die Aussicht von dem nur einige Minuten von der Bergstation entfernten Gipfel ist ungemein weitreichend und wird nur nach O durch die höhere Geislergruppe beschränkt, die aber ihrerseits durch eindrucksvolle Nahblicke auf die Fermedatürme entschädigt.

● **259** Von der **Geislerhütte** wie bei R 235 bis kurz vor die Panascharte, von wo nach links ein fast waagrechter Weg durch die Blumenwiesen auf den Gipfel führt. 1½ st.

● **260** Von der **Brogleshütte,** R 234, zum Bach hinab und auf Bez. 6 über Geröll in Kehren steil hinauf in die Panascharte. Jenseits kurz hinab und Querung nach rechts zur Seceda. 1¼ st.

● **261** **Sass Rigais,** 3025 m

Zusammen mit seinem Nachbargipfel, der Furchetta, die höchste Erhebung der formschönen Geislergruppe, deren Schauseite allerdings dem Villnösser Tal zugewandt ist. Seine Südseite ist durch einen an ausgesetzten Stellen gesicherten Steig erschlossen, der trittsicheren und etwas geübten Bergwanderern keine Schwierigkeiten macht. Schwindelfreiheit für die Seilstellen und den Gipfelgrat sind allerdings Voraussetzung.

● **262** Von der **Geislerhütte** auf Bez. 13 nordwärts über die Matten der Tschisles-Alpe zu dem flachen Wiesenboden, wo man Nr. 13 nach links verläßt und den Markierungspföcken folgt, die in eine steile, geröllerfüllte Schlucht führen. In ihr soweit hinauf, bis man bei einer auffallenden Stelle (markiert) die Schlucht nach rechts verläßt. Eine vorspringende Wand des Bergfußes wird an guten Tritten mit Hilfe eines Drahtseiles überwunden, dann windet sich der gut gangbare Steig in vielen Kehren durch die schrofige, grasdurchsetzte Mulde der Südseite hinauf. Am blockigen, etwas luftigen Gipfelgrat hilft noch einmal ein Drahtseil, dann ist der aussichtsreiche Gipfel erreicht. 3 st von der Geislerhütte.

● **263—265** frei für Ergänzungen.

6. Die Sella

Dieser wuchtige, aus der Ferne beinahe geschlossen wirkende Felsstock fällt fast allseitig mit steilen Wänden ab, die eine verkarstete Hochfläche einschließen. An der Sella beginnen die vier ladinischen Täler: Hochabtei-, Grödner, Buchenstein- und Fassatal; ein Straßenzug mit vier Pässen: Pordoi-, Sella-, Grödner Joch und Campolungosattel umkreist sie; zwei Seilbahnen an der Ost und Südseite erleichtern den Zugang zur Hochfläche, die sich immerhin nach allen Seiten ungefähr 1500 m über die Talorte erhebt.

Eigenartig ist das Schuttband, das sich in halber Höhe um die Sella zieht und besonders nach Neuschnee auffällt. Es besteht aus den leicht verwitternden Raibler Schichten, die hier zwischen dem Sockel aus kompaktem Schlerndolomit und dem darüber befindlichen geschichtetem Hauptdolomit liegen.

Auf dem weitläufigen Sella-Plateau kann Nebel die Orientierung sehr erschweren — die beste Karte nützt ohne Kompaß nicht viel!

a) Hütten, Hüttenwege und Übergänge

● **266** **Pisciaduhütte**/Rif. Cavazza al Pisciadu, 2583 m

Im Nordteil der Sella am kleinen Pisciadusee in großartiger Umgebung gelegen. CAI, 18 B., bew. von Mitte Juni bis Mitte September.

● **267** Vom **Grödner Joch** auf Bez. 666 und Dolomiten-Höhenweg 2: Südostwärts über Schutt unter Felswänden bis zum Eingang des Val Setus. Rechts in Kehren über steiles Geröll hinauf, bei der Gabelung der Schlucht links (Drahtseilsicherung) und auf das breite Schuttband, das fast die ganze Sella umzieht. In einigen Minuten zur Hütte in der Nähe des kleinen Pisciadusees. 1½ st vom Grödner Joch.

● **268** Vom **Grödner Joch** auf dem **Pisciadu-Klettersteig** (Via ferrata Tridentina). Dieser Aufstieg verlangt unbedingte Schwindelfreiheit, Bergerfahrung und Trittsicherheit. Der Klettersteig zieht ausgesetzt durch die steile Felsflanke rechts des Pisciadu-Wasserfalls. Die Schwierigkeit steigert sich in der oberen Hälfte, jedoch ist vorher eine leichtere Umgehungsmöglichkeit vorhanden.

Vom Grödner Joch zuerst auf dem Hüttenweg R 267 bis zum Eingang des Val Setus. Hier jedoch geradeaus weiter (unmarkierter Steig) bis zum Pisciadu-Wasserfall, wo der Klettersteig beginnt. Die Drahtseile und Eisenklammern führen über die Felswand rechts des Wasserfalls hinauf in einen Schuttkessel.

Ab hier zwei Möglichkeiten: Wer den ersten Teil des Steiges bereits mit Unbehagen begangen hat, der kann in der Geröllschlucht längs des Baches (Steigspuren) direkt zur Pisciaduhütte aufsteigen. Die Fortsetzung des Klettersteiges bewältigt mit einer ausgesetzten, senkrechten Leiter und Drahtseilen den steilen Wandabbruch, zuletzt verbindet eine Hängebrücke die tiefe Kluft zwischen dem isolierten Exnerturm und der mittleren Sella-Terrasse, auf der man bald die Hütte erreicht. 2½ st vom Grödner Joch.

● **269** Von **Colfuschg** durch das **Val Mesdi:** Wie bei R 70 zur Mündung des Val Mesdi und in ihm auf Bez. 651 steil hinauf bis unter den Mittagszahn (Dent de Mesdi). Hier zweigt nach rechts ein bez.

Steig ab, der, teilweise mit Drahtseilen gesichert, auf das Pisciadu-Plateau hinaufführt. Dort in ½ st zur Hütte. 3 st von Colfuschg.

● **270** Vom **Sellajoch,** R 105, über den **Pößnecker Steig** auf die Sella-Hochfläche und zur Pisciaduhütte. Dieser großartige Klettersteig darf auf keinen Fall unterschätzt werden — es handelt sich bei ihm nicht um einen Anstieg, der durch Schrofengelände mit gelegentlichen Seilsicherungen und Eisenklammern führt. Er überwindet eine tatsächlich senkrechte Wand von 250 m Höhe, zwar mit Drahtseilen, Eisentritten und Leitern entschärft, die aber neben körperlicher Gewandtheit unbedingte Schwindelfreiheit verlangt. Ungeübte gehören an das Seil eines erfahrenen Begleiters.

Am Sellajoch beginnt der mit 649 bez. Steig, er zieht ostwärts durch die Wiesen und Geröllhänge unterhalb der Sellatürme bis zu einem Wasserfall. Rechts von ihm beginnen die Markierungspunkte und Sicherungen, die in ununterbrochener Folge (ein Verirren ist praktisch ausgeschlossen) die 250 m hohe Wandstufe überwinden. Der dunkle Einstiegskamin leitet in die freie Wand, die hohe Anforderungen an Schwindelfreiheit stellt und nachdem ein Schuttkessel gequert ist, an dem charakteristischen Schuttband, das die Westseite der Sella durchzieht, endet.

Damit sind die Hauptschwierigkeiten überwunden, die Markierung führt über den Schutthang nach links zur oberen Wandstufe, die in einer gut gesicherten Schlucht weniger ausgesetzt erstiegen wird. Bald ist die Schrofenkuppe des Piz Selva erreicht, die das Sella-Plateau nur geringfügig überragt.

Der Weiterweg zieht an der flachen Ostseite des Gratrückens nach N, später nach NO, fast eben zur Gamsscharte, wobei man außer dem direkt folgenden Piz Gralba auch noch die weiteren Randerhebungen mitnehmen kann. Östlich der Gamsscharte mündet der Steig in den Verbindungsweg 666 zwischen Boè- und Pisciaduhütte, R 271. Bei unsichtigem Wetter auf der Sella-Hochfläche genau auf die Markierung achten! Gehzeit bis zur Einmündung in 666 etwa 4½ st, von dort zur Boèhütte ½ st, zur Pisciaduhütte ¾ st.

● **271** Zur **Boèhütte,** R 272. Von der Pisciaduhütte führt der mit Nr. 666 bez. Weg in südlicher Richtung an der Westseite einiger Erhebungen (Pisciaduspitze, 2985 m, Bamberger Spitze, 2964 m, Sass

Über dem Friedhof-Eingang von Colfuschg wachen die das Val Mesdi westwärts einrahmenden Gipfel der Pisciaduspitze (rechts) und des Daint de Mesdi (Mittagszahns). Die dunklen Zacken am linken Bildrand sind Ausläufer vom Crep de Boè. Foto Helga Hartl de Mesdi, 2978 m) aufwärts zur eigentlichen Sellahochfläche. Ein Felsvorsprung ist seilgesichert, sonst unschwierig. Von rechts mündet zuerst Nr. 649, dann der Weg durch das Val Lasties, Nr. 647, ein (Ww.). Einige Meter weiter hat man, vorbei am Bergerturm, einen überraschenden Tiefblick in das tiefeingeschnittene Val Mesdi. Dann südwärts weiter über einen felsigen Rücken (Antersass, 2906 m, den man ohne Zeitgewinn auch auf einem gesicherten Band in seiner Westseite umgehen kann) zur Boèhütte. 2 st von der Pisciaduhütte.

● **272** **Boèhütte** (früher Bamberger Hütte), 2873 m

Nordwestlich der Boèspitze auf der Karstfläche gelegen. CAI, 30 B., 24 M., bew. von Anfang Juli bis Ende September.

● **273** Von **Colfuschg** durch das **Val Mesdi:** Wie bei R 70 zur Val-Mesdi-Mündung. Der mit 651 bez. Weg überwindet zuerst eine Steilstufe und zieht dann etwas flacher durch das enge Tal, das man besser als eine riesige Felsschlucht bezeichnen könnte. An der Abzweigung zur Pisciaduhütte vorbei durch große Geröllhalden weiter hinauf zur schmalen und steilen Mündung in die Sella-Hochfläche (häufig bis in den Sommer hinein Schnee). Dann eben zur nahen Hütte. 4 st von Colfuschg. Etwas mühsamer Aufstieg, meist im Abstieg begangen, deshalb hier die Beschreibung dafür:

Von der Boèhütte in wenigen Minuten nordwärts. Der Anfang des Val Mesdi ist ein schmaler, steiler Einschnitt in der waagrechten Hochfläche knapp nordwärts der Hütte, er kann im Frühsommer bei Hartschnee etwas problematisch werden. Trittsicherheit und Bergerfahrung sind dann notwendig. Bald mindert sich jedoch die anfängliche Steilheit, der Steig zieht durch Geröllhalden, links und rechts von schroffen Wänden und Türmen begleitet, talaus und überwindet zuletzt wieder eine Steilstufe, bis der mit Lärchen bestandene Talboden von Colfuschg erreicht ist. 2½ st von der Boèhütte.

Ist der Beginn des Val Mesdi wegen vereistem Hartschnee nicht gangbar, so nimmt man den Verbindungsweg 666 zur Pisciaduhütte, 1½ st, und von ihr hinab zum Grödner Joch.

● **274** Von der Bergstation der **Pordoi-Seilbahn,** 2950 m, ostwärts 10 Min. abwärts zum **Rif. Forcella Pordoi,** 2848 m, in der Pordoischarte. Privat, 7 B., für AV-Mitglieder Ermäßigung. Nordostwärts auf Bez. 627 über die Schutt-und Felsböden der Hochfläche zu einer Wegteilung: rechts zur Boèspitze (siehe R 286). Der Hüttenweg geht links nach N weiter über einen flachen Sattel zur Hütte. 1 st von der Pordoischarte.

Für Frühaufsteher, die die erste Seilbahngondel nicht abwarten wollen: Vom Pordoijoch auf Bez. 627 nach links in eine Mulde, in Kehren eine Steilstufe hinauf zu der langen, von der Pordoischarte herabkommenden Schuttreise. Zuerst in der Mitte, dann an ihrem linken Rand in die Scharte. 1½ st. (Nur am Morgen, da reine Südseite!)

● **275** Vom **Sellajoch** durch das **Val Lasties:** Vom Joch ostwärts auf der Straße abwärts zur großen Kehre, die am nächsten an die Südwand des Piz Ciavazes heranführt. Hier zweigt (Ww.) der Steig 647 links ab. Zuerst etwas abwärts, bis von rechts ein Steig einmündet. Dann durch Wald, Wiesen und Schutt, eine Steilstufe links überwindend, über die ein Bach herabstürzt, taleinwärts zu einer weiteren, etwas niedrigeren Stufe. Oberhalb davon ein blockbedeckter Boden, hier nordwärts einer steilen Felswand zu, unter ihr rechts hinauf in einen Schuttkessel. Rechts, ostwärts, auf die Karrenfelder der Hochfläche hinauf zu einem flachen Sattel, wo man auf den Verbindungsweg Pisciaduhütte — Boèhütte, R 271, trifft.

Einige Schritte nach O öffnet sich ein Tiefblick, wie er sogar in den Dolomiten selten ist; der wilde Felskessel des Val Mesdi mit seinen zerrissenen Wänden und riesigen Türmen.

Südwärts wie bei R 271 zur Boèhütte. 3½ st vom Sellajoch.

● **276** Zur **Pisciaduhütte** auf Bez. 666 bzw. Dolomiten-Höhenweg 2: Von der Boèhütte nordwärts über oder links neben dem Zwischenkofel zum Ww. bei der Einmündung von R 275 (Tiefblick in das wilde Val Mesdi). Kurz darauf, wieder von links, Einmündung von R 70. Nach einem seilgesicherten Felsvorsprung hinab zur Pisciaduhütte. 1½ st von der Boèhütte.

● **277** Zur **Pordoischarte** bzw. Seilbahn-Bergstation geht man auf Bez. 627 bzw. Dolomiten-Höhenweg 2 südwärts über die öde Hochfläche, zum Schluß nach rechts zum Rif. Forcella Pordoi und hinauf zur Seilbahn-Bergstation. 1 st von der Boèhütte.

● **278** **Rif. Crep de Mont,** 1959 m

Diese private Schutzhütte hat im Winter größere Bedeutung als für das sommerliche Bergsteigen. Sie liegt am Osthang der Sella, südlich von Corvara und 200 Höhenmeter tiefer als der Crep de Mont, ein Ausläufer der Sella. 6 B., bew. von Mitte Juni bis Ende September. Zugang von Corvara auf Bez. 639, 1½ st, oder von der Bergstation der Boè-Seilbahn im Abstieg ½ st.

● **279 Crep de Mont,** 2198 m, Bergstation der großen Boè-Seilbahn von Corvara. In Verbindung mit dem anschließenden Sessellift in das große Vallonkar (Bergstation 2488 m) eine angenehme Erleichterung für den Aufstieg zur Boèspitze von dieser Seite.

Fußweg: Von Corvara auf Bez. 639 südwärts aus dem Ort und durch Wald und Wiesen, später am felsigen Rücken des Crep de Mont vorbei zum Boèsee, R 58. 2½ st.

● **280** Zur **Ruine der Vallonhütte.** Vom Boèsee auf bez. Weg (jetzt 638) südwestwärts, vor der Lift-Bergstation südwärts zur Hüttenruine. 1 st vom Boèsee, bzw. ¼ st von der Bergstation des Vallon-Sesselliftes.

Die Hütte, von der damaligen AV-Sektion Bamberg als Stützpunkt für den Boè-Aufstieg geplant, war 1913 im Rohbau fertig, den Ausbau verhinderte der Ausbruch des ersten Weltkriegs.

Aufstieg zur Boèspitze (gleichzeitig Übergang zur Boèhütte) siehe R 287.

● **281—283** frei für Ergänzungen

b) Gipfelanstiege in der Sella

● **284** **Boèspitze**/Piz Boè, 3152 m

Der Hauptgipfel der Sella, eine dem Plateau aufgesetzte Pyramide aus waagrecht gebanktem Hauptdolomit, der auch die Hochfläche selbst bildet. Dazwischen liegt roter Jurakalk. Bekannt als einer der leichtesten Dreitausender der Alpen, ist er bei Benützung der Pordoi-Seilbahn eine bequeme Halbtagestour! Auf dem durch seine Aussicht berühmten Gipfel die kleine, einfach bew. **Capanna Fassa.**

● **285** Von der **Boèhütte** auf bez. Steig südostwärts über Geröll, rechts von einem Firnfeld zu den Gipfelfelsen hinauf. Durch eine Schuttrinne aufwärts (eine Drahtseilstelle), dann über Blockwerk zum Gipfel. ¾ st.

● **286** Von der **Pordoi-Seilbahnstation** wie bei R 274 zur Wegteilung. Hier rechts ab auf die Gipfelpyramide zu, die über Geröll und waagrechte Felsstufen auf dem Südwestgrat ohne Schwierigkeiten erstiegen wird. 1½ st.

Die Boèspitze und der obere Teil des Val Mesdi. Foto Willi End

● **287** Vom **Vallon-Sessellift** bzw. der Ruine der **Vallonhütte,** R 280. Von der Ruine westwärts in das nahe Blockkar zu einer Wegteilung: Der Normalweg, Trittsicherheit und Übung erfordernd, geht links ab (Bez. 638). Beinahe südwärts am Fuß einer Felswand entlang, an ihrem Ende scharf nach rechts und an einigen kleinen Höhlen vorbei weiter. Dann durch eine steile Schlucht hinauf zur oberen Sella-Terrasse. Hier biegt der Weg wieder nach SW um, geht rechts am Eissee vorbei und leitet zuletzt, steiler werdend, an die Gipfelpyramide. Über sie immer noch steil auf den Gipfel. 2½ st von der Vallon-Liftstation.

Die Begehung des bereits vor dem ersten Weltkrieg angelegten

● **288** **Lichtensteiner Weges** fordert klettertechnisches Können, weil die Sicherungen nach so langer Zeit manche Lücke aufweisen. Nur wer sicher ist, solchen Schwierigkeiten gewachsen zu sein, darf ihn begehen. Bei der Abzweigung nach der Ruine rechts; die Route führt über die Eisseespitze, 3011 m, die Cresta Strenta, 3124 m, und die Jägerscharte, 3121 m, zum Gipfel. 3 st von der Vallonhütte.

● **289** **Gipfel am Sella-Westrand**

Zwar ist die Boèspitze der am meisten besuchte Gipfel der Sella, doch sind auch andere lohnende Ziele, die allerdings Erfahrung in weglosem Gelände voraussetzen, vorhanden. Eine großzügige, prachtvolle Höhenwanderung für Geübte führt am westlichen Rand der Sella-Hochfläche über sechs Gipfel, alle über 2900 m.
Von der **Boèhütte** nordwärts über den Zwischenkofel. Bei der zweiten Abzweigung nach links (die erste führt ins Val Lasties) vom Hauptweg ab zur **Gamsscharte,** 2919 m (1½ st). Hier von Bez. 649 rechts ab und weglos über unschwierige Felsstufen und Geröll in 20 Min. auf die **Westliche Mesules,** 2998 m, mit guter Fernsicht und schönen Tiefblicken ins Grödner Tal und in Richtung Colfuschg. Zurück zur Gamsscharte und rechts ab auf den **Piz Rotic,** 2966 m. Auf dem Plateaurand südwestwärts weiter zum **Piz Beguz,** 2972 m, über **Piz Miara,** 2965 m, auf den **Piz Gralba,** 2974 m. Zuletzt (2 st von der Gamsscharte) auf den **Piz Selva,** 2974 m, am Südrand der Hochfläche, mit Blick ins Fassatal. Hier kommt der Pößnecker Steig herauf (R 270), den man aber als Abstieg nur begehen sollte, wenn man ihn bereits im Aufstieg ohne Schwierigkeiten bewältigt hat. Am günstigsten ist der Rückweg auf dem Plateausteig zurück zur Gamsscharte (1¼ st) und von ihr zum Weg 666. Auf ihm je nach Tourenplanung südwärts zur Boèhütte oder nordwärts zur Pisciaduhütte (je 1¼ st). Gesamter Rundweg 6 st.

● 290 **Pisciaduspitze,** 2985 m

Der einzige Gipfel in der Umgebung der Pisciaduhütte, der auch Bergwanderern, wenn sie sich mit unmarkierten Pfadspuren begnügen, zugänglich ist.

Vom Verbindungsweg 666 zur Boèhütte zweigt man kurz nach der seilgesicherten Stelle links ab und geht über Geröll und Schrofen ohne Schwierigkeiten auf den Gipfel. Hübsche Übersicht auf den Nordteil der Sella. Auf- und Abstieg von der Abzweigung 1 st.

● 291—294 frei für Ergänzungen.

7. Die Marmolata

Die Königin der Dolomiten, deren Namen in der klangvollen ladinischen Sprache Marmoleda lautet, bildet den Abschluß dieses kleinen Führers. Man kann fragen, in welchem Zusammenhang mit dem Hochabteital sie steht — nun, von allen Höhen, die dieses schöne Tal umgeben, ist ihr schimmernder Firn zu sehen und weckt den Wunsch, sie auch einmal aus der Nähe zu betrachten oder zu besteigen.

Für ersteres bietet sich der Bindelweg an, eine unvergleichlich schöne Höhenwanderung, für die zweite Möglichkeit gibt es den Anstieg über den größten Dolomitengletscher oder den durch einen interessanten Klettersteig etwas gezähmten Westgrat.

Und die Entfernung ist heute kein Hindernis mehr. Von Corvara sind es über den Campolungosattel und Arabba zum Pordoijoch nur 20 km — ein Katzensprung mit dem eigenen Wagen, aber auch mit Linienbussen kein großes Problem.

● 295 **Der Bindelweg**

Eine ähnlich dem Adolf-Munkel-Weg mit Recht sehr bekannte Aussichtspromenade, vom Pordoijoch eine leichte Halbtagstour, auch mit Kindern. 2½—3 st, ein Weg, den man unbedingt begangen haben muß. Er führt durch die aus dunklem vulkanischen Gestein aufgebaute Padongruppe, ist in seiner ganzen Länge gut markiert und ebenfalls ein Teilstück des Dolomiten-Höhenweges 2.

Vom Pordoijoch kurzer Aufstieg (Ww.) an einer Kapelle vorbei, südwärts unter dem Sasso Becce zur Einmündung des Weges von der Sessellift-Bergstation (von Canazei).

Hier wendet sich der Weg nach O, durchquert flache Wiesen und läuft dann an der Südseite des Höhenzuges durch üppige Bergmatten. Die Rückblicke zum Rosengarten und Langkofel verlieren an Interesse gegenüber der immer mehr an Wucht gewinnenden vergletscherten Nordseite der Marmolata.

Auf halbem Weg treffen wir auf das private **Rif. Viel del Pan**, 2346 m, im Sommer bew., kurz darauf gewährt ein flacher Sattel schöne Blicke nach N und O ins Buchensteiner Tal, zur Fanes- und Tofanagruppe. Noch ein kurzes, fast ebenes Stück, dann beginnt der steile Abstieg über einen schrofendurchsetzten Rasenhang zum **Rif. Marmolada** des CAI, 2045 m, ganzjährig bew., 72 B., in der Nähe der Staumauer des Fedajasees. 2½—3 st vom Pordoijoch.

Rückkehr zum Pordoijoch entweder wieder auf dem Bindelweg, der auch in dieser Richtung sehr reizvoll ist, oder Aufstieg (1½ st) in die Porta Vescova, 2516 m, und auf Weg 680 nach kurzem Abstieg fast eben in 1½ st westwärts zum Pordoijoch.

● 296 **Marmolata, Punta di Penia,** 3344 m

Zwar ist ihr Wintergipfel, die Punta di Rocca, 3209 m, mit einer modernen Seilbahn von O mühelos erreichbar, sie dient jedoch ausschließlich dem Skifahrer für die berühmten Marmolata-Abfahrten. Alle Weiterwege von der Bergstation sind gefährlich und schwierig, so daß der Hauptgipfel durch die Seilbahn bergsteigerisch nicht entwertet ist. Er wird bei günstiger Witterung von Fedaja aus viel bestiegen, doch ist der Gletscher wegen seiner Spalten bei Nebel gefährlich, auch macht die Höhenluft Untrainierten ziemlich zu schaffen. Neben der entsprechenden Ausrüstung (Pickel, Seil, Steigeisen) ist Gletschererfahrung und Ausdauer unbedingt erforderlich. Der Sessel- bzw. neue Gondellift von Fedaja (möglichst früh fahren!) erspart mindestens 600 Höhenmeter; von der Bergstation 2½—3 st.

● 297 Der **Aufstieg** (meist gut ausgetretene Trasse) geht in Richtung auf das Gletschertal, das zwischen dem Felsgrat des Peniagipfels und dem Gletscherrücken des Roccagipfels herabzieht. Über Spalten und an Eisbrüchen vorbei in der Spur hinauf bis unter den steilen Schlußhang unter der Scharte zwischen beiden Gipfeln. Hier nach rechts zum Schrofenhang, der in unschwieriger Kletterei, rechts haltend, überwunden wird. Der folgende Firnrücken wird in seiner westlichen Flanke ausgesetzt bis zum höchsten Punkt begangen. Knapp daneben die kleine, nur zeitweise einfach bew. **Capanna Marmolada di Penia.**

Marmolata und Vernel vom Bindelweg. Foto R. Löbl

● 298 Marmolata-Westgrat

Für geübte Bergsteiger mit Erfahrung auf gesicherten Klettersteigen ein sehr interessanter Aufstieg, der aber unbedingt Schwindelfreiheit verlangt. Falls beabsichtigt ist, über den Gletscher abzusteigen, sind auch Pickel, Steigeisen und Seil mitzunehmen. Die Drahtseile und Eisenklammern können manchmal durch Gewitter beschädigt sein — deshalb vor Belastung auf Festigkeit prüfen!

Vom Rif. Pian Fiacconi, 2626 m (Gondellift vom Fedajasee, zu Fuß 2 st) über den Gletscher schräg nach rechts zu einem Sattel im unteren Nordgrat der Punta di Penia empor, dann links durch die Gletscherbucht in die Marmolatascharte, 2910 m. 1½ st vom Rif. Pian Fiacconi.

Links von einem in den Fels gesprengten Unterstand aus dem ersten Weltkrieg beginnt der Drahtseilweg, der ausgesetzt, aber bei gutem Zustand der Sicherungen in unschwieriger Kletterei den zuerst steilen Grat emporzieht. Weiter oben legt sich der Grat mehr und mehr zurück. Über Firnfelder fast an der Gratschneide bleibend zur kleinen **Capanna Marmolada** und zum Gipfel. 1½ st von der Scharte.

Abstieg zum Pian Fiacconi: Den ausgesetzten Firngrat nach N hinab, bis man einen Schrofenhang (bei Vereisung Vorsicht, sonst für Geübte unschwierig) abklettern kann, der auf den Marmolatagletscher hinabführt. In der meist vorhandenen Spur zur Liftstation. 1½ st.

Randzahlen-Verzeichnis

Die Zahlen beziehen sich ausschließlich auf die mit ● bezeichneten Randzahlen, nicht die Seiten. Begriffe wie Cima, Forcella, Monte, Piz, Rifugio usw. sind im Alphabet nachgestellt.

Was pack ich ein? (Eine Liste, die Ärger erspart)

für eine Tageswanderung

- ☐ Proviant
- ☐ Thermosflasche
- ☐ Pullover
- ☐ Sonnenmütze
- ☐ Taschentuch
- ☐ Taschenmesser
- ☐ Geld/Ausweise
- ☐ Sonnenbrille
- ☐ Sonnencreme
- ☐ Führer/Karten
- ☐ Fotoapparat
- ☐ Fernglas
- ☐ Heftpflaster
- ☐ Sicherheitsnadeln
- ☐ Klopapier
- ☐ Signalpfeife
- ☐ Rettungsdecke
- ☐ Regenschirm
- ☐ Regen-Umhang
- ☐ ....
- ☐ ....

zusätzlich mit Kindern:

- ☐ Brustgeschirr
- ☐ 10 m Reepschnur
- ☐ Viel zu trinken
- ☐ ....
- ☐ ....
- ☐ ....

zusätzlich für Wochenend-Wanderungen:

- ☐ Reservewäsche
- ☐ Reservesocken
- ☐ eiserner Proviant
- ☐ Dosen-Öffner
- ☐ Biwaksack
- ☐ Kocher m. Zub.
- ☐ Taschenlampe
- ☐ Kerze
- ☐ Streichhölzer
- ☐ Reserve-Filme
- ☐ Rucksack-Apotheke
- ☐ Handschuhe
- ☐ Notizbuch
- ☐ Kugelschreiber
- ☐ Schlafsack
- ☐ ....
- ☐ ....

zusätzlich für Frühsommer-Touren:

- ☐ Grödeln oder
- ☐ Leichtsteigeisen

persönliche Ergänzungen:

- ☐ ....
- ☐ ....
- ☐ ....

zusätzlich für mittlere Kletterfahrten:

- ☐ Seil (11 mm / 46 m)
- ☐ 10 Karabiner
- ☐ Sich.-Autom.
- ☐ Klettersitzgürtel
- ☐ Steinschlaghelm
- ☐ Haken-Sort.
- ☐ Felshammer
- ☐ 4-5 Reepschnur-Schlingen

zusätzlich für schwierige Kletterfahrten:

- ☐ Zusatzseil (9 mm / 46 m)
- ☐ 2 Trittleitern
- ☐ Griff-Fiffi
- ☐ Hakenfänger
- ☐ 2 Steigklemmen
- ☐ Stirnlampe

zusätzlich für Biwak in Eis und Fels:

- ☐ Firnschaufel
- ☐ Biwakschuhe
- ☐ Daunen-Fußsack
- ☐ Daunenjacke
- ☐ Kleinzelt

zusätzlich für Gletschertouren:

- ☐ Seil (11 mm / 40 m)
- ☐ 10 Karabiner
- ☐ Klettersitzgürtel
- ☐ 4 Reepschnur-Schlingen à 4 m
- ☐ Eispickel
- ☐ Steigeisen
- ☐ Kompaß
- ☐ Höhenmesser
- ☐ Gamaschen
- ☐ Gletscherbrille
- ☐ Lippenschutzsalbe
- ☐ Wollhaube
- ☐ Wollschal
- ☐ Fäustlinge
- ☐ ....
- ☐ ....

zusätzlich für schwierige Eisfahrten:

- ☐ Eishammer
- ☐ Eisbeil
- ☐ Eisstichel
- ☐ 4 Eisschrauben
- ☐ 5 Eisspiralen
- ☐ Steinschlaghelm
- ☐ Firnanker
- ☐ ....

Rückseite beachten

Berichtigung

(bitte im Umschlag einsenden an Bergverlag
Rudolf Rother GmbH, 8 München 19, Postfach 67)

Die Randzahl .... des Kleinen Führers durch das Hochabteital, Auflage 1979, bedarf folgender Verbesserung bzw. Neufassung:

....

....

....

....

....

bitte wenden!

....

....

Absender: ....

Postleitzahl, Ort: ....

Straße: ....

Die Bergverlag Rudolf Rother GmbH ist berechtigt, diese Berichtigung dem Verfasser zur Bearbeitung der neuen Auflage zuzustellen. Der Verlag wird bei Erscheinen dieser neuen Auflage dem Einsender ein Exemplar zum Vorzugspreis mit 50 % Nachlaß anbieten.

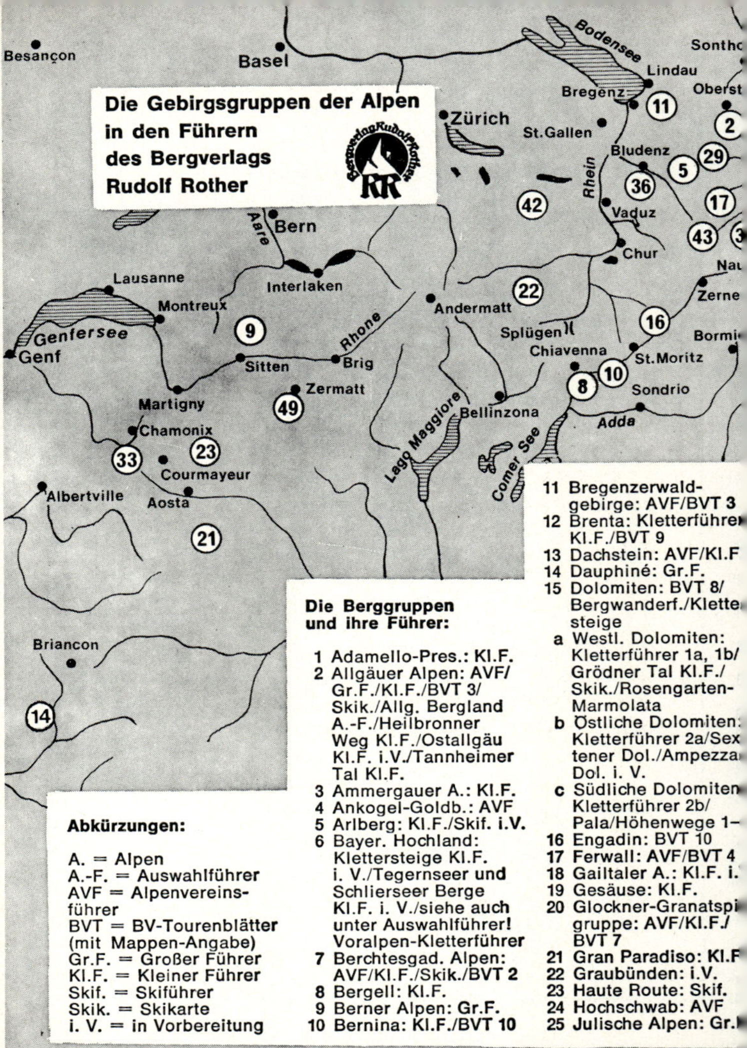

Die Gebirgsgruppen der Alpen in den Führern des Bergverlags Rudolf Rother

Die Berggruppen und ihre Führer:

1 Adamello-Pres.: Kl.F.
2 Allgäuer Alpen: AVF/ Gr.F./Kl.F./BVT 3/ Skik./Allg. Bergland A.-F./Heilbronner Weg Kl.F./Ostallgäu Kl.F. i.V./Tannheimer Tal Kl.F.
3 Ammergauer A.: Kl.F.
4 Ankogel-Goldb.: AVF
5 Arlberg: Kl.F./Skif. i.V.
6 Bayer. Hochland: Klettersteige Kl.F. i. V./Tegernseer und Schlierseer Berge Kl.F. i. V./siehe auch unter Auswahlführer! Voralpen-Kletterführer
7 Berchtesgad. Alpen: AVF/Kl.F./Skik./BVT 2
8 Bergell: Kl.F.
9 Berner Alpen: Gr.F.
10 Bernina: Kl.F./BVT 10
11 Bregenzerwald-gebirge: AVF/BVT 3
12 Brenta: Kletterführe
Kl.F./BVT 9
13 Dachstein: AVF/Kl.F
14 Dauphiné: Gr.F.
15 Dolomiten: BVT 8/ Bergwanderf./Klette steige
a Westl. Dolomiten: Kletterführer 1a, 1b/ Grödner Tal Kl.F./ Skik./Rosengarten-Marmolata
b Östliche Dolomiten: Kletterführer 2a/Sex tener Dol./Ampezza Dol. i. V.
c Südliche Dolomiten Kletterführer 2b/ Pala/Höhenwege 1–
16 Engadin: BVT 10
17 Ferwall: AVF/BVT 4
18 Gailtaler A.: Kl.F. i.
19 Gesäuse: Kl.F.
20 Glockner-Granatspi gruppe: AVF/Kl.F./ BVT 7
21 Gran Paradiso: Kl.F
22 Graubünden: i.V.
23 Haute Route: Skif.
24 Hochschwab: AVF
25 Julische Alpen: Gr.

Abkürzungen:

A. = Alpen
A.-F. = Auswahlführer
AVF = Alpenvereinsführer
BVT = BV-Tourenblätter (mit Mappen-Angabe)
Gr.F. = Großer Führer
Kl.F. = Kleiner Führer
Skif. = Skiführer
Skik. = Skikarte
i. V. = in Vorbereitung

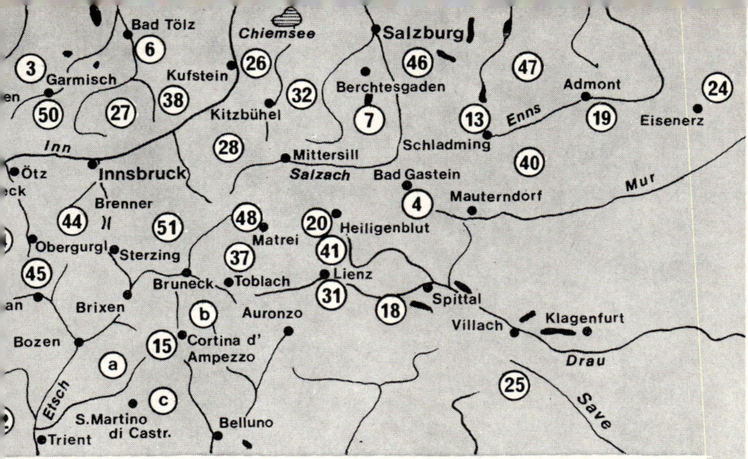

26 Kaisergebirge: **AVF/ Kl.F./BVT 2**
27 Karwendelgebirge: AVF/Kl.F./BVT 1
28 Kitzbüheler Alpen: Skik./Kl.F. i. V.
29 Lechquellengebirge: AVF i. V.
30 Lechtaler Alpen: AVF/ Kl.F./BVT 3
31 Lienzer Dolomiten: AVF/Kl.F./BVT 7
32 Loferer u. Leoganger Steinberge: AVF/BVT 2
33 Montblanc: Gr.F.
34 Ötztaler Alpen: AVF/ Kl.F./Skif./Skik./BVT 5
35 Ortler: Gr.F./Kl.F./ BVT 9/Skik.
36 Rätikon: AVF/Kl.F./ BVT 4/Skif./Brandner Tal Kl.F.
37 Rieserferner-Gr.: AVF i. V.
38 Rofan: AVF/BVT 1/ Achensee Kl.F.
39 Samnaun: AVF i. V./ BVT 4/Skik.
40 Schladm. u. Radst. Tauern: AVF
41 Schobergr.: AVF/Kl.F.
42 Schweiz zw. Rhein und Reuß: BVT 11
43 Silvretta: AVF/Kl.F./ BVT 4
44 Stubaier A.: AVF/Kl.F./ Skik./BVT 5
45 Südtirol: BVT 9/ BVT 6 (Ski)/Oberer Vinschgau: Kl.F. i. V. Sarntaler A.: Kl.F. i.V.
46 Tennengebirge: AVF
47 Totes Gebirge: AVF
48 Venedigergruppe: AVF/Kl.F./BVT 7
49 Walliser Alpen: Kl.F.
50 Wetterstein: AVF/ Kl.F./BVT 1/Tiroler Zugspitzgebiet Kl.F.
51 Zillertaler Alpen: AVF/Kl.F./Skik./BVT 7

Auswahlführer (in Klammern die darin enthaltenen Berggruppen):

Allgäuer Bergland (2, 11, 30, 36, 42, 43)
Bayer. Hochland und Nordtirol (3, 6, 7, 26, 27, 32, 38, 50)
Bayer. Hochland, Wochenendtouren (2, 3, 6, 7, 20, 26, 27, 34, 38, 44, 48, 50, 51)
Bayer. Hochland, Skitouren (3, 6, 7, 26, 27, 28, 30, 38, 50)
Dolomiten-Bergwanderführer (15 a, b, c)
Vom Gaspedal zum Gipfelkreuz
Bd. 1 (22, 30, 35, 45)
Bd. 2 (7, 15, 34, 44, 51)
Bd. 3 (42, 22)
Bd. 4 (13, 15, 25, 40)
Tiroler und Salzburger Zentralalpen (20, 27, 28, 34, 48, 51)
Vom Wienerwald zum Salzkammergut (13, 19, 24, 40, 46, 47)
Höhenwege Nördl. Kalkalpen (2, 3, 6, 7, 11, 13, 19, 24, 26, 27, 32, 38, 46, 47, 50)
Die Auswahlreihe „BV-Tourenblätter" ist bereits in den Gebirgsgruppen-Spalten berücksichtigt.

Ausführliche Kataloge der Führer und alpinen Werke kostenlos vom

BERGVERLAG RUDOLF ROTHER,

8 München 19, Postfach 67

NOTIZEN

Geschützte Alpenpflanzen

Text- und Bildzusammenstellung von Paula Kohlhaupt

Jede Gebirgslandschaft ist charakteristisch durch eine für sie besondere Flora. Sie hat sich im Lauf der Jahreszeiten im bunten Farbenspiel harmonisch ineinandergefügt. Viele Arten haben schon die Eiszeiten überlebt und sich jeweils klimatisch angepaßt. Was sich durch Jahrtausende, oft sogar Millionen von Jahren erhalten konnte, sollte durch den heutigen Menschen nicht in wenigen Generationen zerstört werden. Er müßte bemüht sein, diese unbeschreibliche Schönheit, Vielfältigkeit und Farbenpracht der Bergblumen für seine Nachkommen zu bewahren. Seine Hauptaufgabe zum „Schutz und Erhaltung der wildwachsenden Pflanzen" erfordert Verständnis und Aufgeschlossenheit jedes einzelnen, aber auch Kenntnis der zu schützenden Arten.

Am Schluß der botanischen Angaben sind die Länder genannt, in denen die betreffende Pflanze gesetzlichen Schutz genießt: A = Österreich, CH = Schweiz, D = Deutschland, FL = Fürstentum Liechtenstein, I = Italien. Größter Teil der Aufnahmen aus **„Blumenwelt der Dolomiten"** von Paula Kohlhaupt, **Athesia-Verlag,** Bozen.

Türkenbund (Lilium martagon)
Fam.: Liliengewächse
(D, A, CH, I, FL)

Feuerlilie (Lilium bulbiferum)
Fam.: Liliengewächse
(D, A, CH, I, FL)

Frauenschuh (Cypripedium calceolus)
Fam.: Orchideen (D, A, CH, I, FL)

Rotes Waldvögelein
(Cephalanthera rubra)
Fam.: Orchideen (D, A, CH, I, FL)

Kohlröschen (schwarz und rot)
(Nigritella nigra)
Fam.: Orchideen (D, A, CH, I, FL)

Fliegen-Ragwurz
(Ophrys insectifera)
Fam.: Orchideen (D, A, CH, I, FL)

Weiße Seerose (Nymphaea alba)
Fam.: Seerosengewächse
(D, A, CH, I, FL)

Christrose, Schneerose
(Helleborus niger), Fam.: Hahnen-
fußgewächse (C, A, I)

Schwefel-Anemone (Pulsatilla
sulphurea), Fam.: Hahnenfuß-
gewächse (D, A, CH, I, FL)

Frühlings-Kuhschelle (Pulsatilla
vernalis), Fam.: Hahnenfuß-
gewächse (D, A, CH, FL)

Spinnweben-Hauswurz (Sempervivum arachnoideum), Fam.: Dickblattgewächse (D, A, CH, FL)

Trauben-Steinbrech (Saxifraga paniculata), Fam.: Steinbrechgewächse (D, A, CH)

Steinröserl (Daphne striata) Fam.: Seidelbastgewächse (D, A, CH, I)

Seidelbast (Daphne mezereum) Fam.: Seidelbastgewächse (D, A, CH)

Echte Alpenrose (Rhododendron ferrugineum), Fam.: Heidekrautgewächse (D, A, CH, FL)

Zwerg-Alpenrose (Rhodothamnus chamaecistus), Fam.: Heidekrautgewächse (D, I)

Alpenveilchen (Cyclamen europaeum), Fam.: Schlüsselblumengewächse (D, A, CH)

Schweizer-Mannsschild (Androsace helvetica), Fam.: Schlüsselblumengewächse (D, A, CH, I)

Fels-Aurikel (Primula auricula)
Fam.: Schlüsselblumengewächse
(D, A, CH, I, FL)

Zwerg-Primel (Primula minima)
Fam.: Schlüsselblumengewächse
(D, A)

Behaarte Primel (Primula hirsuta)
Fam.: Schlüsselblumengewächse
(D, CH, I)

Himmelsherold (Eritrichum nanum)
Fam.: Rauhblattgewächse
(CH, A, I)

Stengelloser Enzian (Gentiana acaulis), Fam.: Enziangewächse (D, A, CH, FL)

Gelber Enzian (Gentiana lutea) Fam.: Enziangewächse (D, A, CH, I)

Pannonischer Enzian (Gentiana pannonica), Fam.: Enziangewächse (D, A, CH, I)

Dolomiten-Glockenblume (Campanula morettiana), Fam.: Glockenblumengewächse (I)

Schopf-Teufelskralle (Physoplexis comosa), Fam.: Glockenblumengewächse (I)

Edelweiß (Leontopodium alpinum) Fam.: Korbblütler (D, A, CH, I, FL)

Echte Edelraute (Artemisia mutellina), Fam.: Korbblütler (D, A, CH, I, FL)

Arnica, Bergwohlverleih (Arnica montana), Fam.: Korbblütler (D, A, CH)